LOTHAR OBRECHT

BEDINGUNSLOSES
VERTRAUEN

DAS ENDE DER AUSBEUTUNG

für

Ingrid

Bibliografische Information der Deutschen Nationalbibliothek:

Die Deutsche Nationalbibliothek verzeichnet diese Publikation in der
Deutschen Nationalbibliografie; detaillierte bibliografische Daten sind im
Internet über http://dnb.dnb.de abrufbar.

© 2019 Lothar Obrecht

Herstellung und Verlag:

BoD – Books on Demand, Norderstedt

ISBN: 9783749480487

VERTRAUEN IST DIE EINZIGE MÖGLICHKEIT, DIE LIEBE IN DEM ZU WECKEN, DESSEN TATEN VOM GEGENTEIL ZEUGEN.

VORBEMERKUNG

Ich möchte vorausschicken, dass ich mit diesem Buch keinerlei Anspruch auf Allgemeingültigkeit erheben möchte. Es drückt viel mehr das aus, was ich selbst wahrnehme, fühle, empfinde, was ich recherchiert und erfahren habe auf meinem eigenen Weg und aus der Beobachtung dessen, was geschieht in unserer großartigen Welt, die voller Überraschungen, Wunder und Möglichkeiten steckt. Ich lade den Leser ein, sich einzulassen, sich ein- und mitzuschwingen, das Korsett der ausgetrampelten Pfade einmal zu verlassen und die Perspektive zu verändern, denn wie sagte schon Albert Einstein in seiner tiefen Weisheit und dem Bewusstsein über die infinite Potenzialität der Urform und des Urgeistes allen Seins:

„EINE NEUE ART VON DENKEN IST NOTWENDIG, WENN DIE MENSCHHEIT WEITERLEBEN WILL."

„PHANTASIE IST WICHTIGER ALS WISSEN, DENN WISSEN IST BEGRENZT."

„ES IST SCHWIERIGER, EINE VORGEFASSTE MEINUNG ZU ZERTRÜMMERN ALS EIN ATOM."

Der Autor

INHALT

PROLOG

Dies ist kein Buch für Spirituelle, die meinen, schon alles zu wissen, und auch kein Buch für Naturwissenschaftler ohne Raum für das Mystische. Es ist ebenso wenig ein Buch für religiöse Eiferer oder Wutprediger. Dieses Buch wendet sich viel mehr an all diejenigen, die begonnen haben oder bereit sind, ihr Herz zu öffnen, für sich selbst und die anderen. Für Suchende, Zweifelnde und Wartende. Wenn du hier weiterliest, dann bist du einer von ihnen.

Was bedeutet eigentlich **> Vertrauen <** und wie kommen wir dahin, zu vertrauen? Der Weg ins Vertrauen führt durch die Liebe zu dem, was ist. Liebe wird erfahrbar durch Herzöffnung, Achtsamkeit und Bewusstheit. Achtsamkeit und Bewusstheit erfordern ein urteilsfreies Innehalten,

Anhalten, Einatmen, Ausatmen, Schauen und Staunen, Annehmen und Loslassen.

Es ist gewiss ein großer und verhängnisvoller Irrtum, zu glauben, Vertrauen hätte etwas mit Wissen zu tun. Vielmehr setzt das Vertrauen da an, wo unser Wissen aufhört, da, wo wir uns auf unbekanntes Terrain begeben, wo unser Verstand keine Erklärung mehr findet und die persönliche Erfahrung fehlt.

Mit dem Vertrauen verhält es sich wie mit der Freiheit. Wir Menschen glauben, dass wir frei sind, wenn wir genug besitzen. Das Gegenteil ist der Fall.

Ebenso glauben die Menschen, Vertrauen hätte etwas mit Wissen und mit Absicherung zu tun. So vertrauen sie dem sozialen Netz, der Rechtsprechung, der freien Marktwirtschaft, dem Hausarzt, der Technik, der Nato, der Tagesschau, der ZEIT, der FAZ und der Süddeutschen, dem Beamtenstatus mit stattlichen Pensionsansprüchen, dem netten Herrn und der netten Dame vom heute-journal, dem Priester und dem Metzger ihres Vertrauens.

In Wahrheit hat das mit Vertrauen nichts zu tun.

Wenn der „Durchschnittsmensch" danach gefragt wird: „Wer möchtest Du sein in diesem Leben", dann könnte eine Antwort, die die allermeisten unter uns sofort unterschreiben würden, z.B. lauten:

„Ich möchte mich gerne in meinem Traumjob erfolgreich verwirklichen, meinen Traumpartner heiraten, in einem autarken Niedrigenergie-Einfamilienhaus mit großzügigem Garten in prächtiger Lage in meiner Traumstadt mit hoher Lebensqualität wohnen, mindestens zwei gesunde und hübsche Kinder und einen Hund haben, mein Traumauto fahren und die Welt bereisen, selbstverständlich 1.Klasse, und ich möchte gesund und topfit sein, genügend Zeit für mich und meine Hobbies und jeden Tag erfüllenden Sex haben bis ins hohe Alter."

Wer von uns würde diesem beispielhaften Lebensentwurf nichts abgewinnen können?

Sollten wir diesen idealtypischen, wenn auch relativ unwahrscheinlichen Zustand tatsächlich erreichen, dann würden wir wohl mit allen Mitteln versuchen, das Erreichte abzusichern, weil es ja sooo schön ist.

Natürlich wissen wir, dass nichts so bleibt wie es ist. Deshalb streben wir nach einem Höchstmaß an Sicherheit und tun alles, um uns gegen Verlust, Krankheit usw. abzusichern.

Aber was, wenn wir plötzlich berufsunfähig werden, weil wir einen Unfall beim Polospiel, Skifahren oder Kite-Surfen erleiden oder mit unserem neuen SUV gegen einen Baum prallen nach einer ausgelassenen Siegesfeier? Was, wenn die Traumfrau mich verlässt, weil sie jemand anderen kennengelernt hat – womit sie selbstverständlich nie im Leben gerechnet hat – der sie aber einfach noch glücklicher und reicher macht, als ich es jemals vermocht habe? Was, wenn mein Kind unheilbar erkrankt oder mit dem Flugzeug auf dem Rückflug vom Schüleraustausch-Programm mit einer Eliteschule in den USA abstürzt und zu Tode kommt?

Was, wenn liebgewonnene Privilegien durch einen politischen Umsturz, wirtschaftliche Krisen oder einen desaströsen Finanzcrash in Gefahr geraten?

Wir streben nach größtmöglichem ‚Glück' und größtmöglicher Sicherheit und Erfolg. Vielleicht darf das ‚Glück' ein paar Nummern kleiner ausfallen, aber sicher, garantiert sollte es schon sein. Wir wollen uns abgesichert fühlen, versichert gegen alles Mögliche, damit wir beruhigt sind, nachts schlafen können im Vertrauen, dass morgen alles noch genau so ist wie heute. Also planen wir unser Leben. Zahlungsplan, Karriereplan, Trainingsplan, Urlaubsplan am besten gleich zwei oder drei Jahre im Voraus, damit uns keiner den uns zustehenden Platz an der Sonne am Urlaubsort streitig machen kann. Wir planen unsere Arzt- und Zahnarzt-Termine, die Krebsvorsorgeuntersuchungen, den vierzigsten, fünfzigsten, sechzigsten Geburtstag, Hochzeitstag und die eigene Beerdigung.

Und dann wundern wir uns, wenn etwas dazwischenkommt, wo wir doch so gut vorgesorgt haben, fleißig waren, strebsam, gehorsam und angepasst.

Wir vertrauen darauf, dass Versicherungen einspringen, wenn ungeplante Ereignisse eintreten, dass eine gute Ausbildung uns einen sicheren Job, sicheres Auskommen garantiert, unser Geld und die Rente sicher sind, der Partner treu ist und der Staat sich kümmert.

Dabei vergessen wir, dass das Leben im höchsten Maße unsicher, Sicherheit somit eine Illusion ist, dass sich schon morgen alles ändern kann und dass Vertrauen leider größtenteils auf dieser Illusion von Scheinsicherheiten beruht.

Dennoch tun wir alles, um ein Höchstmaß an Sicherheit und Vertrauen aufrecht zu erhalten. Wir setzen uns selbst unter Druck, der innere Antreiber ist ständig aktiv, die Angst sitzt uns im Nacken. Es herrscht Konkurrenzkampf in einer Gesellschaft, die ständig Mangel und Knappheit propagiert: Streng dich an! Pass auf! Gib Gas! Sieh zu, dass du nicht unter die Räder kommst, übervorteilt wirst, überholt wirst, nicht bald schon zum alten Eisen gehörst, von Jüngeren ausgebootet wirst, zu deinem Recht kommst, im Alter nicht allein dastehst, mittellos wirst, krank usw. und so fort.

Wenn man sich dies einmal vor Augen führt, dann erscheint das Leben wie ein einziger Kampf. Keine Zeit zum Atmen, Loslassen, Entspannen, ohne dass sich das schlechte Gewissen meldet. Und wenn wir uns einmal erlauben, uns kurz auszuruhen, dann nur, wenn wir zuvor ganz viel geleistet haben. Wer rastet, der rostet! Wenn einer rumhängt, faulenzt, dann stimmt mit dem ganz sicher etwas nicht. Der hängt dann rum auf Kosten der Leistungsgesellschaft. Fauler Sack!

Höher, schneller, weiter, mehr. Wir kennen das alle und wissen doch um den Wahnsinn. Deshalb philosophieren wir über Entschleunigung, wollen die neue Langsamkeit entdeckt haben und haben auch schon mal etwas von Slow Sex gehört und den Film dazu geguckt, - natürlich noch nicht ausprobiert. Das geht ja später immer noch!

In Wahrheit jedoch sind wir Gefangene, hängen an der Nadel unserer Sucht nach Bestätigung der Scheinwelt, in der wir leben.

Das Verrückte dabei ist, dass wir das ja alles längst durchschaut haben, das Thema ist ja nicht neu. Es ist alles längst analysiert und vom Kopf her verstanden und der Mentalkörper in Form des Verstandes liefert uns auch Antworten: Achtsamkeit, Meditation, Yoga, MBSR – Mindfulness Based

Stress Reduction-Seminare sind der Renner, auch in den Führungsetagen der Top-Unternehmen, Fasten und Kloster-Retreats voll im Trend. Slow Food, Slow Sex, Slow yeah!

Nach einem solchen Fronturlaub geht's uns wieder gut und ab geht's zurück in die Mühle aus Angst, Druck, Stress und Kampf, selbstverständlich mit erhöhter Drehzahl.

Wir sehen, hören und glauben das, was wir sehen, hören und glauben wollen. Das ist wie im Fußball, wo man nur die Fouls der gegnerischen Mannschaften sieht und die Fouls des eigenen Teams großzügig bagatellisiert. So glauben wir an die Demokratie im eigenen Land, schließlich dürfen wir wählen, an die freie Meinungsäußerung und Pressefreiheit, unabhängige Medien, an Chancengleichheit, den freien Markt, der alles regelt, Wachstum, die Zinseszins-Politik, den Fortschritt, die Technik und den Weihnachtsmann.

Wir wollen natürlich nur das Beste für alle. Für die Natur, die Tiere und die Erde, alles Öko, Bio, nachhaltig!

Und irgendwann merken wir, dass etwas nicht stimmt, sich nicht stimmig anfühlt und dann sind wir enttäuscht. Ich hab doch immer nur das Beste gewollt und gemacht und getan. Ist das der Lauf der Dinge? Ist das der große Plan des Universums, dass wir am Ende enttäuscht sind?

Es stellt sich die Frage, welche Chance, welcher Schatz da begraben liegen könnte, auch wenn wir's total verkackt haben, wenn wir scheitern, aussortiert, ausgegrenzt, erniedrigt, entlassen, verlassen, geschlagen, betrogen, getäuscht, bestohlen und belogen werden?

Das Thema, mit dem wir uns in diesem Buch beschäftigen wollen, ist das Vertrauen. Wenn also das Alltagsvertrauen auf der Illusion von Sicherheit basiert, auf scheinbaren Leitplanken und Absicherungen, die nur bis zu unserer Peripherie gelangen, also der Dimension, die der Verstand noch erfassen kann, dann ist diese Form von Vertrauen an Bedingungen geknüpft und somit nicht viel wert. Sie rettet uns über den Tag, aber sie bringt nicht den Frieden, nach dem wir uns sehnen.

Heute wird das ‚gesunde' Misstrauen kultiviert: ‚Vertrauen ist gut, Kontrolle ist besser', die Schufa, der Tüv, ISO-Zertifikate als Vertrauensvorschub, Ausbildungszertifikate, Prüfungsnoten, Urkunden. Von Kindesbeinen an wird uns weisgemacht, dass Vertrauen eines schriftlichen Nachweises bedarf. Alles wird vertraglich geregelt und gipfelt mittlerweile in aberwitzigen Datenschutzpamphleten, die keine Sau mehr liest, aber jeder unterschreiben muss. Lügenpresse, Fake News, Propaganda lassen den Wahrheitssuchenden manchmal ratlos zurück. Wem kann ich noch vertrauen? Die allgemeine Verunsicherung hat Methode.

Probezeiten, Zeitverträge, eine zunehmende Anzahl prekärer Arbeitsverhältnisse, die Entfremdung von der Arbeit tun ihr übriges. Die Angst nimmt zu in einer zunehmend feindlichen Umwelt. Und dann kommen jetzt auch noch die vielen Flüchtlinge mit ihrer uns fremden Kultur. Noch mehr Entfremdung, noch mehr Angst.

In meinem Buch Herzzeitwende habe ich über die Folgen von Angst und Verurteilung geschrieben und dass wir der Angst begegnen dürfen, indem wir unser Herz öffnen, bewusst, achtsam werden und Urteile zurücknehmen. Jetzt geht es darum, weshalb genau dies der einzige Weg ist, nicht nur der Liebe eine Chance zu geben, sondern gleichzeitig Vertrauen zu stärken, um stehen zu bleiben, auch wenn die Stürme um uns herum zunehmen.

Mein Anliegen ist es, aufzuzeigen, warum jegliche Form von Ausbeutung unmöglich wird, wenn wir vertrauen und warum jegliche Form von Ausbeutung das Ergebnis von Misstrauen ist – immer!

Ich möchte herausarbeiten, warum wir misstrauen, worin sich unser Misstrauen offenbart und wie wir den Weg zu bedingungslosem Vertrauen finden können. Es ist eine Schicksalsfrage für die Menschheit, die über ihr Wohl und Wehe entscheidet.

Was ist NOCH dein Handlungsmotiv? Angst vor Kontrollverlust oder bedingungsloses Vertrauen?

Das Buch möge ein Plädoyer sein für den Weg des bedingungslosen Vertrauens.

DEFINITION VON VERTRAUEN

Der Begriff Vertrauen ist zusammengesetzt aus dem Präfix *Ver*, was soviel bedeutet wie resultierendes Vollenden, und dem Wort *trauen* im Sinne von wagen, hoffen und glauben. (Enzyklopädie der Wertvorstellungen: www.wertesysteme.de/vertrauen/). Wikipedia bezeichnet Vertrauen als *„subjektive Überzeugung von der Richtigkeit, Wahrheit von Handlungen, Einsichten und Aussagen bzw. der Redlichkeit von Personen"*. Die Enzyklopädie der Wertvorstellungen definiert Vertrauen als *„Vorbehaltloser Glaube, dass man sich auf jemanden oder etwas in hohem Maße verlassen kann."* Das Gabler Wirtschaftslexikon ergänzt: *„Vertrauen ist die Erwartung, nicht durch das Handeln anderer benachteiligt zu werden. Man kann zwischen Vertrauen in Personen und Vertrauen* *in Systeme unterscheiden".* D.h. der andere wird so lange abgeklopft, auf Unwägbarkeiten überprüft und kontrolliert, bis man möglichst sicher sein kann, kein Risiko einzugehen, wenn man ihm vertraut. Hierbei benötigt das Vertrauen ein Objekt, das wiederum bemüht ist, jegliches Misstrauen auszuradieren. Dieses Verständnis von Vertrauen mag denen genügen, die auf inneres Wachstum verzichten möchten, die rein objektbezogene Interessen verfolgen und in Unbewusstheit verharren. Diese Art von Vertrauen ist völlig wertlos.

Das Vertrauen, von dem im Folgenden die Rede ist, bedeutet in Wahrheit etwas ganz anderes. Neben Liebe und Mitgefühl ist Vertrauen die höchste Stufe inneren Wachstums, die wir anstreben können. Subjektives Vertrauen, das völlig unabhängig ist von einem Objekt. Es ist einfach da.

Als Grundvoraussetzung, vertrauen zu können, gilt das Urvertrauen, d.h. die Liebe, die ich als Kind erfahren habe, vor allem über die Beziehung zur Mutter. Fehlendes Urvertrauen führt somit zu Misstrauen als vorrangiger Grundeinstellung. Also ist die Liebe von Anfang an die Basis für

Vertrauen. Wo keine Liebe ist, ist kein Vertrauen. Die Umdeutung des Begriffs Vertrauen in unserer westlichen Hemisphäre bezeichnet somit den Mangel an Liebe in der Gesellschaft. Und dieser Mangel ist so groß, dass Kontrolle als wertvoller erachtet wird als Vertrauen. Vertrauen ist gut, Kontrolle ist besser. Big Fail!

Ich halte fest: In unserer Gesellschaft haben die meisten Menschen eine völlig verzerrte Vorstellung von Vertrauen und davon, welche Kraft, Tiefe und elementare Macht hinter diesem Begriff steckt. Stattdessen gibt man sich allenthalben mit der kraftlosen, ernüchternden und doch eher rein ökonomischen Version des Vertrauensbegriffs zufrieden. Das ist geradezu symptomatisch für die Volkskrankheit, die die Menschen noch an einer Weiterentwicklung hindert: Kopfkrebs und Herzverschluss als Folge von Traumatisierung und „enttäuschtem Vertrauen".

Das Böse in der Welt manifestiert sich durch das Böse in uns, das durch unser Gutsein unterdrückt wird. So unterdrückt der Gutmensch das Böse in sich und zwingt es damit in die Manifestation im Gegenüber, der wiederum das Gute in sich mit dem Bösen unterdrücken muss. *(vgl. Safi Nidiaye: Der entscheidende Schritt, 2010).*

Wenn wir davon ausgehen, dass alle menschlichen Aspekte in jedem von uns enthalten sind, die Anlage zum Guten wie zum Bösen, so muss nach dem Schöpfungsgesetz des Ausgleichs nach Hermes Trismegistos, dem altägyptischen Lehrer und Inaugurator, die Unterdrückung eines Aspekts in uns das Gegenteil im Außen ermächtigen. So wird mir beispielsweise meine Wut, die ich aufgrund einer traumatischen Erfahrung gelernt habe, abzulehnen und zu unterdrücken, solange im Außen begegnen, bis ich mich der nicht gelebten Wut in mir, die auch ein Aspekt von mir ist, zuwende. All das, was wir vehement ablehnen und unterdrücken, muss sich uns im Außen in der einen oder anderen Form präsentieren, als Projektion oder als manifestes Ereignis. So präsentiert sich uns unsere unterdrückte Wut in Form eines cholerischen Chefs, eines rücksichtslosen

Nachbarn oder unsere nicht transformierte Ohnmacht in Form des Finanzamts oder einer Krankheit usw. Hier wirkt das Schema des Spiegelgesetzes und des Ausgleichsgesetzes. Alles strebt nach Ausgleich, nach Balance und all das, was ich unterdrücke, unter den Teppich kehre, kommt an einer anderen Stelle wieder hervor. Das Leben lässt sich nicht bescheißen. Es ist absolut hilfreich, wenn wir das einsehen.

„Das Böse ist der Schrei nach Liebe, die keinen Ausweg weiß", schreibt Safi Nidiaye in ihrem Buch „Der entscheidende Schritt". Wir können das Gute im anderen nur dann wecken, wenn wir unsere Herzen öffnen und denen **Vertrauen** schenken, die den Glauben daran bereits aufgegeben haben.

Also: Vertraue dem, der es nicht verdient zu haben scheint. Vertrauen ist - wie die Liebe – ein Geschenk und somit bedingungslos.

Vertraue auch denen, die sich als Elite bezeichnen und als Herren über den Globus aufführen, die Kriege vom Zaun brechen, mit dem Geld der Menschen spekulieren, sich bereichern an der Not der Menschen, die korrupt sind und vorgeben, nur das Beste zu wollen, deren Weg gesäumt ist von Blut und Tränen. Sie sind unbewusst und wähnen sich im Recht. Erlaube Ihnen aufzuwachen! Ihre Angst tarnt sich hinter einem verschlossenen Herzen und der vermeintlichen Klugheit ihres Verstandes. Wenn wir ihnen gegenüber unsere Herzen öffnen, dann spüren wir ihre Angst förmlich und ihre Macht über uns zerfällt.

Das mag sich jetzt vielleicht hirnkrank anhören, an der Realität des Alltags vorbei...und ja, sicher, der Verstand tut sich schwer damit. Warum sollte ich Arschlöchern vertrauen?

Und vor allem: Wo soll ich jetzt hin mit meinem Hass, mit meiner Wut, meinem Zorn ohne den Feind, der all die Härte meines Zorns verdient hat, an dem ich mich doch schon ein Leben lang abarbeite?

Wenn ich das, was in mir brodelt und brodelt, nicht mehr auf irgendjemanden projizieren kann, wenn ich im Außen keinen Schuldigen mehr finde, dann muss ich mich am Ende mit mir auseinandersetzen und all dem Scheiß aus meiner Vergangenheit, von dem ich doch nichts mehr wissen will; all den Niederlagen, den Demütigungen, den Ablehnungen, Scham- und Schuldgefühlen und der Angst nicht zu genügen.

Ich möchte ja nicht jede Verurteilung eines Andersdenken-den, -tickenden -gläubigen pathologisieren, aber wir sollten uns bewusst machen, was wir da tun. Denn genau daran gebricht es unserer Gesellschaft, ...noch.

Dagegen steht die unglaubliche Chance, mit bedingungslosem Vertrauen die Welt zu verändern!

Natürlich bedarf es mehr als der Bereitschaft zu vertrauen und ja, es ist ein gebrechliches Pflänzchen, das ich hegen und pflegen muss, und vor allem darf ich nicht zu schnell aufgeben, wenn's mal nicht so gut läuft in meinem Leben.

Ich hab viel geschafft, ich hab Verantwortung für all das übernommen, was ich bis hierher durchlebt habe, habe das, was ist, angenommen, obwohl es mir verdammt schwergefallen ist, habe meine Urteile zurückgenommen und mich für Vergebung geöffnet. Ich habe Wut, Ohnmacht, Scham, Schuld und Trauer gefühlt und zum Teil transformiert und ich habe die Entscheidung getroffen, mein Herz zu öffnen und der Stimme meines Herzens zu folgen. D.h. all das zu identifizieren, womit ich mein Herz verrate, es künftig zu vermeiden und dem unterzuordnen, der ich wirklich sein möchte.

Und? Ist deshalb die Welt besser geworden? Bin ich glücklicher, zufriedener, erfüllter? Genüge ich mir selbst? Ist es überhaupt Sinn und Zweck, sich selbst zu genügen? Oder worum geht es denn eigentlich?

Das Außen folgt dem Innen, mhm - was, wenn das Außen sich stur stellt und nichts passiert, obwohl ich mit einem megaoffenen Herzen durch die Welt renne? Muss ich dann mehr machen oder was? Mehr meditieren, achtsamer sein, dankbarer? – vielleicht bin ich nicht dankbar genug, bestimmt sogar, - ich undankbarer Mensch!

Vertrauen versus Zweifel

Zunächst einmal geht es tatsächlich um das Bewusstsein. Die Welt ist, wie sie ist, mit all den schönen und weniger schönen Facetten. Wenn ich ihr im Bewusstsein begegne, dass ich selbst verantwortlich bin, wenn ich die Verantwortung übernehme für all das, was mir im Leben begegnet, dann befreie ich mich gleichzeitig von der Ohnmacht. Das ist der erste Schritt. Folge der Übernahme der Verantwortung ist natürlich, dass es keine Ausreden mehr gibt und dass ich mir umso mehr Druck mache und der innere Antreiber auf mich einwirkt. Und er tut das unentwegt. Und ebenso der Zweifler, oh ja, der Zweifler, die stärkste Waffe meines Verstandes, denn das Herz zweifelt nie. Der Zweifel geht durch den Verstand, das Vertrauen geht durch das Herz. Den Weg zum Herzen finde ich in der Meditation, im Jetzt – nur im Jetzt kann ich bewusst sein.

Woher aber nehme ich das Vertrauen in das Leben, wenn es im Außen eben nicht so läuft wie ich mir das wünsche? Das genau ist die Frage - und die Antwort. Vertrauen lernen kann ich nur, wenn es nicht läuft. Genau dann gilt es, mein Herz zu öffnen und mich anzunehmen, genau dann, wenn alle anderen sagen: Mach doch mal, hast Du schon, warum tust du das oder jenes nicht? Von nichts kommt nichts, du müsstest, du solltest, warum hast du nicht usw.

Das ganze gut gemeinte Geschwafel, das dir ein schlechtes Gewissen einredet, das dich mürbe macht und den Zweifel füttert. Wieder und wieder. Und natürlich von außen, mit den Maßstäben unserer Leistungsgesellschaft betrachtet, haben alle recht. Und doch ist genau da die Tür zum Vertrauen. Bist du bereit, zu vertrauen, wenn alle anderen dich nicht verstehen und ja nur helfen wollen?

Tja, da stehe ich gerade und leide, mal mehr, mal weniger.

Es ist ein Vabanque-Spiel zwischen Selbstannahme und Selbstverurteilung, zwischen Vertrauen und Zweifel. Der Kopf verurteilt unentwegt, solange das Ego nicht gefüttert wird mit Aufmerksamkeit und Wertschätzung von außen. Und je mehr das Futter ausbleibt, umso mehr muss das Herz übernehmen. Und wenn das Herz verschlossen ist - ja dann bleibt nur entweder ‚mächtig anstrengen' oder den Kopf wegballern mit Drogen. Du hast die Wahl, immer!

Die Gedanken kreisen. Vertrauen schenken kann ich nur dann, wenn ich mir selbst vertraue. Das ist wie mit der Liebe. Wer sich selbst nicht liebt, kann nicht bedingungslos lieben, denn er ist bedürftig. Wir müssen uns damit anfreunden, dass wir das Problem nicht mit einem Dreisatz lösen können, und auch kein noch so raffinierter Algorithmus kann da weiterhelfen.

Aber wir können uns einmal vorstellen, was sich in unserer Welt verändern würde, wenn wir bedingungslos vertrauten.

Und ganz wichtig: Vertrauen ins Leben, durch das Leben geführt zu werden, hat nichts mit Fatalismus zu tun, im Gegenteil, denn es geht darum, Verantwortung zu übernehmen und in jedem Moment, achtsam den Schritt zu tun, die Entscheidung zu treffen, die sich für mein Herz stimmig anfühlt, immer die Vision von Liebe, Mitgefühl und Wahrhaftigkeit im Auge behaltend. Da kann es im Außen auch mal eng werden, wenn der äußere Erfolg auf sich warten lässt, die Anerkennung und Wertschätzung im Außen erst einmal ausbleibt, aber dafür winkt inneres Wachstum und das ist der Mühe doch wert? Die Stunde des Zweifels und der Angst.

DIE FORTSCHREITENDE ENTFREMDUNG

Der Soziologe Prof. Dr. Hartmut Rosa beschreibt die Entfremdung des Menschen von seiner Umwelt als Nicht-Verfügbarkeit. Das bedeutet, dass das Bezugssystem, die Welt, in der sich der Mensch bewegt, teilweise eine Komplexität angenommen hat, die er nicht mehr überblicken und begreifen kann. Rosa spricht einerseits von einer Weltreichweitenvergrößerung, d.h. der Mensch hat sich die Welt durch den Fortschritt in der Mobilität und Infrastruktur verfügbarer gemacht z.b. durch das Flugzeug, den technischen Fortschritt allgemein und im Besonderen die Digitalisierung. Nicht zuletzt auch durch das Smartphone haben wir immer und überall Zugriff auf das komplette Wissen des Internets sowie auf Freunde und Bekannte. Und doch scheint gleichzeitig die Welt, die Natur gleichsam vor uns zurückzuweichen, uns zu entgleiten und die Unmittelbarkeit der Erfahrung mehr und mehr verloren zu gehen. Wo wir die unberührte Natur suchen, finden wir den Tourismus mit all seinen Auswirkungen und unsere Sehnsucht nach einer intakten Umwelt wird durch Umweltzerstörung unvorstellbaren Ausmaßes enttäuscht. Die individuelle Erfahrung verläuft durch eine Überhöhung unserer Erwartungen oftmals enttäuschend.

Auf der anderen Seite ist die Komplexität politischer Institutionen und Systeme inzwischen derart ausgeufert und vom Einfluss des Einzelnen entkoppelt, dass deren Verbesserung, Veränderung im Sinne von echten Reformen geradezu unmöglich erscheint. Das Vertragswerk z.B. der Europäischen Union ist so umfangreich, dass selbst die sogenannten Experten, zu denen sich auch Politiker zählen, die Folgen eines Austritts eines Mitglieds, wie wir gegenwärtig beim Brexit erleben müssen, weder im Groben und schon gar nicht im Detail abzuschätzen vermögen. Gleichzeitig ruhen die Hoffnungen der Bürger, die sich für einen Brexit entschieden haben, darauf, dass durch die Abkehr vom Bürokratie-Monster Brüssel ihr eigener Einfluss wieder größer werden könnte, ein Stückchen Demokratie zurückkehren und die Welt ein wenig überschaubarer werden könnte. Stattdessen verstärkt sich das Gefühl der Ohnmacht.

Diese Nicht-Verfügbarkeit oder Entfremdung zum Bezugssystem eröffnet wiederum der Propaganda zur Fortführung des einmal eingeschlagenen Wegs durch die herrschenden Eliten Tür und Tor. Nehmen wir als Beispiel die Diskussionen zum Klimawandel. Auch durch eine von den Leitmedien einseitig unterstütze Propaganda werden die Menschen in zwei Lager gespalten, die unterschiedliche Positionen in Bezug auf die Ursache des offensichtlich stattfindenden und nicht zu leugnenden Klimawandels vertreten. So gibt es das Lager derjenigen, die einseitig die CO_2-Debatte führen und derjenigen, die das Thema differenzierter betrachten und CO_2 nicht als Hauptursache für den Klimawandel ansehen. Diese Positionen sind scheinbar nicht miteinander vereinbar und arten geradezu in Glaubenskriege aus. Dabei wird gegenseitiges Misstrauen geschürt, was im Ergebnis zu absoluter Sprachlosigkeit führt. Der Handel mit CO_2-Zertifikaten ist derweil ein Milliardengeschäft geworden und die Inaussichtstellung von CO_2 Einsparungen rechtfertigt jederzeit fast grenzenlose Subventionen und Forschungsgelder. Vom CO_2-Gespenst leben mittlerweile Tausende und Abertausende von Wissenschaftlern, Funktionären und eine riesige Bürokratie, die um das Thema CO_2 aufgebaut wurde. Eingespart wird indessen nur wenig und eine Auswirkung der Einsparungen auf die Umwelt ist nicht wirklich messbar. Jeder Kritiker wird derweil pauschal als Klimaleugner abgestempelt und bleibt ungehört. Ein anderes Feld der Nicht-Auseinandersetzung ist z.B. auch die Impf-Thematik oder der blinde Wachstumsglaube eines radikalen Neoliberalismus, die Massentierhaltung bzw. die Auswirkungen von Fleisch- und Milchkonsum auf die Gesundheit, 9/11, das Bedingungslose Grundeinkommen oder der fatale Einfluss eines Deep State auf den von den meisten Menschen so herbeigesehnten Frieden in der Welt. Dabei dürfen wir diejenigen nicht vergessen, die glauben, an Kriegen und dem damit verbundenen unermesslichen Leid der Betroffenen verdienen zu müssen. Menschen mit unterschiedlichen Positionen zu diesen Themen kommunizieren immer weniger miteinander. Diskurs findet lediglich innerhalb des eigenen

Lagers statt. Von Abrüstung spricht man derweil hauptsächlich in den alternativen Medien, während andernorts immer neue Bedrohungsszenarien aufgebaut werden, um die Bevölkerung mit der Notwendigkeit von höheren Militärausgaben vertraut zu machen.

Der Andersdenkende wird wechselweise als Verschwörungstheoretiker, Antisemit, Rassist, Faschist oder Nazi diffamiert, besonders wenn es sich um Kritiker der von den sogenannten Leitmedien propagierten Thesen handelt. Auffällig ist, dass kritisch denkende Menschen, die sich oft sehr viel breiter informieren und mehr Fragen stellen als der durchschnittlich informierte Bürger, mit Totschlagargumenten unterdrückt oder kriminalisiert werden, weil ihre Argumente offenbar nicht politisch korrekt sind, d.h. außerhalb eines vorgegebenen Meinungsspektrums liegen. Ein typisches Beispiel hierfür ist, dass jeder, der die Regierung in Israel nur ansatzweise kritisiert, und sei die Kritik auch noch so berechtigt, pauschal als Antisemit derart abgefertigt wird, dass es schon faschistoide Züge annimmt. Kritiker der Migrationsursachen und Folgen von unkontrollierter Migration werden schnell als rechtsradikal, im Bedarfsfall auch als rassistisch denunziert. Um solche Urteile zu unterlegen, wird der unbedarfte Konsument mit Bildmaterial von unbewussten Wutbürgern versorgt, deren Verhalten in der Tat Anlass zu Sorge bietet, deren Hass allerdings in seiner Hilflosigkeit alles und jeden treffen würde, den man ihnen als Sündenbock präsentierte.

Political Correctness wird zur Waffe gegen systemkritische Debatten. Sie ist das „Dinner-Party-Gesicht des Sozialdarwinismus" der Herrschenden. (Dieser Begriff stammt vom US-amerikanischen Philosophen Jason Stanley in seinem Buch „How Propaganda Works (2015)", in dem er unter anderem den ökonomischen Libertarismus in den USA anprangert, der die sogenannten „hard working people" abgrenzt von den „nutzlosen Essern".) Es ist paradox: Political Correctness, die doch die Schwächeren und/oder Minderheiten schützen sollte, dient gleichzeitig dazu, die Masse zu manipulieren, indem pauschal Menschen, die zu bestimmten Themengebieten eine andere Meinung vertreten als der Mainstream vorgibt, wie z.B. in der Debatte um den Klimawandel und dessen Ursachen, denunziert, diffamiert, als Leugner und Schmutzfinken bezeichnet werden.

Wenn das Thema, um das es geht, das hinterfragt werden soll, nicht verfügbar ist, nicht durchdrungen werden kann und nicht in das angestammte Weltbild passt, dann schließt man sich gerne dem an, was schon immer galt, weil es Jahrzehnte lang eingetrichtert, quasi mit der Muttermilch mitgegeben wurde, und den Meinungen, die im Mainstream en vogue sind. Jeder Andersdenkende wird kriminalisiert, weil er sich anschickt, Teile der Gesellschaft ihrer geliebten Feindbilder zu berauben. Ein besonderes Phänomen unserer Zeit, die geprägt ist durch Entfremdung und den Verlust der eigenen Identität, sind selbst ernannte „Gutmenschen", die ihren Mangel an Selbstliebe mit Barmherzigkeit und Mitleiden kompensieren, wobei sich die unbewusste Selbstverurteilung in der Verurteilung ausgemachter Feindbilder spiegelt, was z.B. in einem dumpfen „Nazis raus"-Post seinen Ausdruck findet.

Besonders befördert wird eine derartige innere Haltung dadurch, dass einmal verinnerlichte Glaubenssätze mit Hilfe von wissenschaftlichen Studien zum entsprechenden Thema – und seien diese auch noch so manipulativ und für die beteiligten Wissenschaftler lukrativ - gestützt und für den Laien begründbar gemacht werden.

„Da ist sich ja selbst die Wissenschaft einig" – als gäbe es eine unabhängige Wissenschaft, die Anerkennung fände – ist ein schlagendes Argument für den sich selbst für informiert haltenden Durchschnitts-Intellektuellen. Der Mensch vertraut gerne darauf, dass die herrschende Elite es schon richten wird. Ansonsten müssen es die Experten, die Politiker, die Führer, die Priester, der Herr Direktor, der Lehrer oder der große Bruder richten – je nach der Bezugsgröße desjenigen, der seine Verantwortung allzu gerne abgibt. Schuld sind später immer die anderen.

Die Kriege und Katastrophen der Vergangenheit und Gegenwart, die Pleiten und Pannen bis hin zu einem Berliner Flughafen, ein drohender, in seinem Ausmaß nie dagewesener Finanzcrash eines gescheiterten Geldsystems, das mit freiem Markt nicht das geringste mehr zu tun hat, das beispiellose Artensterben in unserer Zeit, kollabierende Ozeane, ein sich Bahn brechender Migrationsdruck, Hunger und Tod in den von uns mit Waffen versorgten Kriegsgebieten usw., - tatsächlich alles Menschen gemacht –

haben am Glauben an das herrschende System der repräsentativen Demokratie und damit dessen Alternativlosigkeit bei den allermeisten nichts geändert.

Wohl weil man entweder noch gut damit fährt oder schnell einen Schuldigen zur Hand hat, wenn's denn in die Hose geht. Leider wird dadurch der Raum für Veränderung immer kleiner und trotz inszenierter Demokratie, freier Meinungsäußerung, Pressefreiheit und Endlosdebatten über ‚Me Too' und ‚Dieselverbot' treiben wir doch letztlich orientierungslos in einem gigantischen Ozean eben dieser Alternativlosigkeit und des Unvermeidlichen. Kaum ein Politiker, der es noch wagt, einmal ‚out of the box' zu denken.

Die Fragen, die noch gestellt werden dürfen, zementieren eher das bereits fest Installierte und bedienen das Bedürfnis, zu den Guten zu gehören. Dafür dürfen dann gerne auch mal Kinder und Jugendliche herhalten und werden missbraucht, um das so alternativlos Richtige im propagierten Weltbild, in dem die Schuldigen bereits ausgemacht sind, mit Tränen erstickter Stimme einzufordern.

Woran es fehlt, ist Vertrauen. Das Vertrauen, das daraus erwächst, dass wir alle miteinander verbunden sind und dass jeder, auch der Andersdenkende lediglich einen Aspekt von uns selbst repräsentiert. Jeder! Wir kommen nicht weiter, wenn wir selektiv vertrauen. Das ist es, worum es jetzt geht und im Prinzip schon immer gegangen ist.

Und noch einmal an dieser Stelle: Selektiv zu vertrauen hat mit dem Vertrauen, von dem wir hier sprechen, nichts zu tun. Es gibt kein Ver- und Misstrauen. Es gibt nur Vertrauen, unabhängig vom Objekt, subjektives bedingungsloses Vertrauen.

Das setzt voraus, dass ich mich selbst und den anderen respektiere, egal welchen Aspekt er mir spiegelt, egal welche Knöpfe er drückt und wie unbewusst er auch agieren mag.

Konkurrenzkampf, Angst, Druck und der innere Antreiber in uns verhindern, dass wir mit dem, was ist, in Resonanz treten, weil sie uns dazu zwingen, dem Verstand die Führung zu überlassen, und uns selbst vom Jetzt zu verabschieden. So unterdrückt die kognitive Dimension, wie es der Soziologe Hartmut Rosa bezeichnet, die emotionale Dimension. Der Mentalkörper unterdrückt den Emotionalkörper. Das führt zu einem Ungleichgewicht. Wir sind blockiert.

Die Erfahrung dessen, was ist, Einklang mit dem, was ist, Resonanz mit dem Gegenüber wird unmöglich, wird ersetzt durch Konsum. Der Verstand konsumiert urteilend, was er wahrnimmt. Urteilsfreies Schauen, Betrachten, Sich-einlassen, Aufnehmen wird ersetzt durch Konsumieren und meist enttäuschte Erwartung. Dieser Konsumzwang gipfelt sprichwörtlich im teuer erkauften Erstickungstod in der Queue line zum Gipfel des Mount Everest kurz vor Erreichen des Gipfelkreuzes, dem kürzlich 10 Menschen in nur einer Woche zum Opfer fielen.

Vertrauen kann sich nur nähren aus der Hingabe an das, was ist, indem wir unsere Herzen öffnen. Vertrauen erwächst nie aus der kognitiven Dimension, dessen Domäne das Misstrauen und die Kontrolle ist. Es ist ein Missverständnis, dass Vertrauen das Produkt maximaler Kontrolle ist. Denn Kontrolle ist – wie die Angst – eine Illusion unseres Verstandes. Wahres Vertrauen ist bedingungslos und somit eine Herzensangelegenheit.

Na ja, aber bitteschön, wie soll ich denn einem rechtsradikalen Schläger vertrauen? Das ist doch wohl zu viel verlangt! - Mag sein. Aber zumindest können wir uns doch mit dem Gedanken vertraut machen, dass der Schläger seinen Selbsthass nach außen projiziert. Im schlimmsten Schläger oder Vergewaltiger steckt ein Kern, der sich nach Liebe sehnt. Gewalt ist immer der Ausbruch der ohnmächtigen Erfahrung von Lieblosigkeit. Wenn wir auf den Kern des im außen gewalttätigen Menschen schauen, dann finden wir auch da Liebe, die nicht gesehen wird, ein Herz, das versteinert ist. Wir müssen jede Gewalt stoppen, uns gegen Gewalt zur Wehr setzen, das ist doch gar keine Frage. Aber wenn wir, statt zu verurteilen, vertrauen, dann ist das die einzige, wenn auch kleine Möglichkeit, die Liebe in dem zu wecken, dessen Taten vom Gegenteil zeugen. Es geht hier um die innere Haltung, mit der wir uns begegnen.

Also nicht Vertrauen mit Verstand ausschalten verwechseln, aber den Verstand bewusst einsetzen, Zeuge sein von dem, was es in mir denkt. Hinter jeder Verurteilung/Abwertung steht die Selbstverurteilung und so können wir nur dann sinnvolle Entscheidungen treffen, wenn wir erkennen, dass wir zwar urteilende Wesen sind, aber gleichzeitig überprüfen, welcher Geist sich hinter unserem Urteil oder unserer Verurteilung versteckt – ehrlich und wahrhaftig.

DURCH ACHTSAMKEIT VERTRAUEN GEWINNEN

Mit dem Vertrauen ist es wie mit der Liebe. Ich kann nicht lieben, wenn ich mich selbst nicht liebe und ich kann nicht vertrauen, wenn ich dem Leben und mir selbst nicht bedingungslos vertraue. Nun kommt die Selbst-Liebe und das Selbst-Vertrauen nicht einfach so über mich, indem ich einmal mit dem Finger schnippe oder einen Zauberspruch aufsage, aber ich kann mich zumindest dafür entscheiden, in diese Richtung gehen bzw. alles diesem Ziel unterordnen zu wollen.

Wenn mein Ego über den Verstand unentwegt auf mich eindrischt: Tu was! Mach was! Werde aktiv! Geh raus Geld verdienen! Verkauf dich! Knüpfe Kontakte! Häng nicht rum! Dann sagt mein Herz: Bleib bei dir, verkauf dich nicht, hör nicht auf die anderen, warte, sei ganz du selbst.

So sagt mir mein Herz zum Beispiel, dass ich schreiben soll. Die Antworten kämen dann mit dem Schreiben, während des Schreibens. Das Leben führt dich, sagt mein Herz, wenn du es lässt. Ist es das Herz, das zu mir spricht oder Wunschdenken oder eine Mischung aus beidem? Wie kann ich mir sicher sein?

Ein alter, tief sitzender Glaubenssatz von mir ist, dass ich nichts richtig kann, dass ich ein Amateur bin, ein Stümper, der es zu nichts bringen wird und der versagt, wenn es ans Eingemachte geht. Auf der einen Seite wollte ich immer nur zu gerne nach oben, an die Spitze, zum Gipfel, dahin, wo alle hinwollen, auf der anderen Seite habe ich es mir nie wirklich zugetraut.

Versagensängste, Angst vor Ablehnung, nicht gut genug zu sein, – ich doch nicht. Und so wird mir dieser Glaubenssatz natürlich durch das Leben immer und immer wieder bestätigt. Das wiederum bewirkt, dass ich - trotz Achtsamkeitsübungen – in manchen Bereichen immer wieder oder immer noch genauso denke, wie ich schon immer gedacht habe. Was irgendwann einmal tiefe Wurzeln getrieben hat, lässt sich nicht so leicht wegmeditieren. Wenn's ernst wird, erfahre ich oft noch Ablehnung, weil ich dann meinen Wert nicht sehe.

Und doch ist eines für mich klar: ich muss dem Thema mit Achtsamkeit begegnen, wenn ich bedingungslosem Vertrauen eine Chance geben möchte, auch, wenn der Ego-Verstand weiter versucht, mir das Leben zur Hölle zu machen.

Die esoterische Verheißung, die uns einreden will, dass mit ein paar Affirmationen, Meditationen, ein paar Tränen und positiven Sätzen, die wir ins Universum senden, in kürzester Zeit unsere Resonanz umgekrempelt werden könne und das Außen – zack - reagiert, der Himmel sich öffnet und nur noch Licht und Liebe auf uns hernieder regnet, sehe ich kritisch. Ich empfinde derartige Verheißungen eher als hinderlich, wenn auch das Grundprinzip dahinter durchaus stimmt. Ja, das Außen verändert sich, in erster Linie in unserer Wahrnehmung dessen, was ist, und durch damit verbundene neue Entscheidungen. Aber die Suche beginnt im Innen und die Prüfung beginnt erst dann, wenn sich nicht gleich das gesamte Universum neu ausrichtet, wenn wir zweimal Namasté („*Ich verbeuge mich vor dir*" oder „*Das Göttliche in mir grüßt das Göttliche in dir*") sagen; die Prüfung beginnt dann, wenn sich der Zweifel meldet.

Zurück zu meinen Glaubenssätzen. Der Gedanke, nichts wert zu sein, nicht gesehen zu werden, gar abgelehnt zu werden, ist niederschmetternd, und genau aus diesem Grund ist er nicht wahr! Er ist nicht wahr! Wahre Gedanken sind leicht. Unser Körper signalisiert uns über Körperempfindungen, ob ein Gedanke wahr oder unwahr ist: Unwahre Gedanken vermitteln Schwere oder Enge, während sich wahre Gedanken leicht anfühlen. Das bedeutet, dass der Gedanke, ich sei wertvoll und liebenswert, wahr ist und ebenso wahr ist, dass ich gesehen werde, wenn ich bereit bin, mich zu zeigen und mich selbst zu sehen.

Es ist schon irgendwie eigenartig: Bei dem Gedanken, mich zeigen zu müssen, wird mir ganz bange. Viel lieber möchte ich mich verkriechen. Irgendetwas passt da anscheinend noch nicht so ganz zusammen.

Also: nur achtsame Bewusstheit kann meine Gedanken transformieren. Es ist keine Entscheidung mehr, es ist eine Erfahrung, die ich machen muss. Ich habe mich längst entschieden, unter anderem damals, als ich aus dem Hamsterrad ausgestiegen bin, als ich beschlossen habe, auf mein Herz zu hören. Ich habe beschlossen, Subjekt zu werden und nicht mehr zu funktionieren und mich anzupassen, um mir einen Platz in einer traumatisierten und nach Status, Anerkennung und Konsum süchtigen Gesellschaft zu ergattern. Ja, ich sage bewusst Nein zum Mainstream und mache mich damit verdächtig bei den Ja-Sagern, die sich hinter eben diesem Mainstream und den Trends zum Objekt machen lassen und ihre Individualität im Konsum suchen, während sie nicht merken, wie ihre Identität immer mehr hinter der Vergnügungssucht verschwindet.

Natürlich sehne auch ich mich nach Liebe und Anerkennung, nach Geborgenheit und Fülle, aber nicht auf Kosten meiner Identität und des Verrats an meinem Herzen. Allerdings sind auch bei mir wohl noch eine ganze Menge verdrängter Gefühle im Spiel, die gefühlt werden möchten. Was weiß ich, wieviel nicht gefühlte Trauer über nicht gelebtes Leben noch in meinem Rucksack steckt - offenbar mehr als ich dachte.

Wenn es stimmt, dass das Leben mich führt, dann wird mich meine innere Führung durch die Trauer hindurchführen und auch durch die anderen noch nicht ausreichend gefühlten Gefühle.

Ich erinnere mich: Vertrauen bedeutet Anhalten, Hingabe, Zulassen – auch wenn der Verstand, das Ego mich bekämpft, bedrängt, verurteilt und verhöhnt.

Also beschließe ich, im nächsten Schritt alles dem Vertrauen in das Leben und der inneren Führung unterzuordnen und weiter der Stimme meines Herzens zu folgen. Ich habe schon so oft erfahren, dass wir die Stimme unseres Herzens tatsächlich hören können, denn es sendet mir unter anderem immer dann negative Gefühle, wenn ich unwahre Gedanken denke und wenn ich dabei bin, mein Herz zu verraten. Insofern sind negative Emotionen immer ein Gradmesser für unwahre Gedanken und Herzverrat. Sie sind wert, dass man sie bejahend wahrnimmt und ihnen auf den Grund geht. Wenn ich das eine oder andere Mal

fast umgefallen wäre und dem Drängen meines Egos bei-
nahe gefolgt wäre, d.h. mein Herz verraten hätte, nur, um
den gesellschaftlichen Anforderungen Genüge zu tun und
ein gut funktionierender, wenn auch unglücklicher Konsument zu sein, dann habe ich letztendlich doch auf die
Stimme meines Herzens gehört, das mir eindeutig signalisiert hat, dass mein Weg ein anderer ist.

Wie oft verraten die Menschen ihre Herzen, wie oft tun sie
etwas gegen ihre innere Wahrheit? Jeder, auch oder gerade derjenige, der in der Wachstums- und Konsum-
Gesellschaft bestens funktioniert und erfolgreich ist, darf
sich diese Frage stellen. Wahrhaftigkeit, Authentizität und
Integrität sind Tugenden, die hoch geschätzt werden. Doch
wie steht es mit deiner Wahrhaftigkeit? Wieviel Herzverrat
begehst du noch? Wie oft lebst du nicht die Wahrheit dei-
nes Herzens, um Ansprüchen und Erwartungen zu genügen?

Wie oft sagst du nicht, was gesagt werden muss, tust du
nicht, was getan werden muss – weil du dich anpasst, obwohl deine tiefste Innere Weisheit dir etwas anderes vermittelt? Unbewusstheit kann uns darüber hinwegtäuschen.

Diese Fragen werden wir uns selbst gegenüber nur dann beantworten können, wenn wir anfangen, uns zu beobachten, urteilsfrei und achtsam. Ich versuche es. Es gelingt mir nicht immer, aber ich merke, dass die Achtsamkeit mich meiner Trauer, meiner Verzweiflung, meiner inneren Wahrheit näher bringt.

Ja, die Welt ist, wie sie ist, und die Menschen sind, wie sie sind, und es gilt, dies anzunehmen. Ich glaube, ich kann es noch nicht, auch wenn ich hier gerne schreiben würde, dass ich für alles, was mir begegnet, die Verantwortung übernehme und alles, was ist, annehme, weil es das ist, was wir tun müssen. Aber der Schmerz in meinem Herzen sagt mir, dass noch nicht alle Tränen geweint sind, derer es bedarf.

Wir leben in einer polaren Welt und aus der Verzweiflung unserer Herzen, aus unserem Zorn und unserer Wut, aus unserer Sehnsucht nach etwas Besserem, Höherem erwächst auch die Motivation, etwas zu verändern. Ja, ich will etwas verändern, am liebsten die ganze Welt und am liebsten möchte ich jetzt rausgehen und all der Verlogenheit und Scheinheiligkeit die Maske vom Gesicht reißen, aber das ist nicht der Weg – ich muss zuerst Frieden machen mit der Wut und der Ohnmacht und der Trauer in mir. Sich das bewusst zu machen, das ist ein Anfang.

DER MANGEL AN VERTRAUEN UND DIE FOLGEN

Vertrauen wir unserer inneren Führung? Vertrauen wir darauf, dass unsere Kinder so, wie sie sind, richtig sind? Vertrauen wir darauf, dass wir das Licht in unseren Kindern nur zum Leuchten bringen müssen, damit sie ihr individuelles ureigenes Potenzial zur Entfaltung bringen können? Vertrauen wir darauf, dass jeder Mensch einen Beitrag in der Gemeinschaft leisten kann und Teil dieser Gemeinschaft sein möchte? Vertrauen wir darauf, dass jeder Mensch wertvoll ist und würdig, ein Leben in Freude und Fülle zu leben?

Nehmen wir einmal das Thema Geld, wonach jeder drängt und an dem jeder hängt, wie schon Goethe einst beklagte. Im Ursprung repräsentierte das Geld nichts anderes als den Glauben an die Aufrichtigkeit des Anderen und den realen Wert seiner Leistung oder der Ware, die damit bezahlt wurde. Dieser Wertmaßstab wurde inzwischen vollkommen ausgehöhlt durch eine Zinseszins-Politik und durch ein dereguliertes Finanzsystem ohne jede demokratische Grundlage. Mit reinen Spekulationsgeschäften und Phantasieprodukten wie Hedgefonds, Derivaten, Leerverkäufen und sogenanntem Fiat-Geld, d.h. Geld ohne realen Gegenwert, wird da hantiert und damit reale Arbeit völlig entwertet. Geld existiert fast nur noch in Form von Giralgeld als reine digitale Kontenbuchung, von Zentralbanken und den Geschäftsbanken beliebig erzeugt über die Vergabe von Krediten ohne Mindesteinlage, d.h. die Banken verleihen Geld, das sie selbst gar nicht haben und die Zentralbanken erzeugen Geld aus dem Nichts zur Finanzierung von Staatsanleihen notleidender Länder, die diese zuvor an die Geschäftsbanken veräußert haben. Der Großteil der Geldmenge fließt in Spekulationsgeschäfte in Form von haarsträubenden Finanzprodukten, während nur noch ein kleiner Anteil der existierenden Geldmenge durch reale Wirtschaftsleistung gedeckt wird. Das Ergebnis dieser vom Normalmenschen völlig undurchschaubaren Geldpolitik ist, dass laut der unabhängigen Hilfsorganisation Oxfam ca. 1% der Weltbevölkerung inzwischen mehr Vermögen angehäuft hat als die restlichen 99% zusammengenommen. Tragisch ist in dem Zusammenhang, dass, aufgrund der Logik des Zinseszins, Vermögenszuwächse fast ausschließlich denen zufließen, die bereits mehr als satt sind. Lediglich die Unwissenheit der meisten Menschen verhindert eine Revolution dieses Geldsystems, das wusste bereits Henry Ford: "Würden die Menschen das Geldsystem verstehen, hätten wir eine Revolution noch vor morgen früh", meinte einst der Autopionier. Wenn man bedenkt, dass sich die einzelnen Staaten zur Finanzierung dieser geschmacklosen Kapitalvermögen über Staatsanleihen maximal verschuldet haben und die normalen kapitallosen Bürger seit Jahrzehnten reale Einkommensverluste hinnehmen müssen, während gleichzeitig eine Rückzahlung der jeweiligen Staatsschulden bei den Verantwortlichen noch nicht einmal in Betracht gezogen wird, dann wird das Ausmaß deutlich, mit dem sich die Finanzindustrie von der realen Wirtschaft abgekoppelt hat.

Trotzdem glauben immer noch die meisten Menschen an den Wert ihrer Arbeit, ausgedrückt in Geld, was angesichts dessen nur noch als absurd zu bezeichnen ist.

Was hat das alles mit Vertrauen zu tun? Nun, zumindest offenbart uns diese Art des Kapitalismus den totalen Kontrollverlust, und dass das vermeintliche Vertrauen des Sparers niemandem etwas wert ist. Vertrauen, das nicht bedingungsloses Vertrauen ist, wird bestenfalls gnadenlos ausgenutzt.

Vielleicht ist das Geldsystem das größte Problem unserer Zeit, das wir lösen müssen.

Derartiger Missbrauch von sogenanntem Vertrauen schürt Angst, führt zu Enttäuschung, Mangel, Konkurrenz und Krieg. Die Angst bremst die Entwicklung des Menschen auf ein höheres Niveau, verhindert Möglichkeiten der Weiterentwicklung hin zu innerem Wachstum, mehr Gemeinschaft, Kooperation und Zusammenhalt.

Wenn wir dies überwinden wollen, dann müssen wir damit beginnen, neu zu denken im Sinne von: „Was wäre, wenn wir in einer Welt leben würden, in der jeder dem anderen bedingungslos vertraut"?

Angstszenarien würden an Kraft verlieren. Sinnvolle Erfindungen und Projekte würden nicht blockiert durch Profiteure von falschen Ideologien und der Not vieler. Es gibt Studien, die belegen, dass zum Beispiel allein durch die Umstellung der Ernährung hin zu mehr pflanzlichen Produkten und weg vom Fleisch, neben vielen anderen ökologischen Vorteilen, ein Vielfaches der jetzigen Erdbevölkerung satt gemacht werden könnte. Gleichzeitig würden chronische Erkrankungen massiv reduziert. Natürlich haben die Fleisch- und Milchindustrie oder die Pharma- und die Gesundheitsindustrie in unserem jetzigen System des Misstrauens jede Menge Einwände. Auch die Rüstungsindustrie und viele weitere Branchen fürchten sich vor einer Zunahme von Vertrauen unter den Menschen, nachdem sie bisher doch so gut davon gelebt haben, den einen gegen den anderen auszuspielen, aufzuhetzen, Angst zu schüren usw. So hat man uns über Jahrzehnte den Nährwert von Fleisch und Milch suggeriert und die Angst vor Krebs befördert und damit die meisten Menschen von der

Notwendigkeit der Behandlung von der Vorsorge bis zur Chemotherapie im letzten Stadium überzeugt. Auch für die Energiewende gibt es bereits heute Lösungen. So ist es möglich Energie aus Windkraft oder Solaranlagen sowohl zu speichern als auch zu transportieren, was eine Unabhängigkeit von den Energiekartellen bedeuten würde. Aber ist das politisch gewollt? Ich verweise auf das Buch „Das Supermolekül" von Timm Koch, der beschreibt wie die Mächtigen dem Gemeinwohl dienende Entwicklungen ignorieren, aus Profit- und Machtgier.

Bedingungsloses Vertrauen vertreibt die Angst und damit das Argument all derer, die davon noch profitieren.

Mein Vorschlag wäre, dass wir alle ab sofort nicht mehr für Geld arbeiten müssen! Und deshalb bin ich ein glühender Verfechter des Bedingungslosen Grundeinkommens. Bedingungslose Liebe, bedingungsloses Vertrauen und bedingungsloses Grundeinkommen. Geld sollte, zumindest für die Grundsicherung, absolut bedingungslos an jeden Menschen ausgezahlt werden. Wenn wir ernst machen wollen, wenn wir wirklich wollen, dass Vertrauen in Zukunft wieder die Basis unseres Handelns werden soll, dann müssen wir das jetzige Geldsystem abschaffen, durch ein neues, dem Gemeinwohl dienendes Geldsystem ersetzen und ein bedingungsloses Grundeinkommen einführen.

Und jeder, der jetzt wieder mit dem absurden Argument hinter dem Ofen hervorkriecht, wer das denn finanzieren solle, der hat noch nichts verstanden.

Ja wie jetzt? Wenn der Missbrauch von Vertrauen uns dahin geführt hat, wo wir heute stehen, wie sollen wir denn dann darauf vertrauen können, dass unser Vertrauen nicht erneut missbraucht wird?

Indem wir uns weiterentwickeln von der naiven Vorstellung von Vertrauen, das auf ein Objekt gerichtet ist, zum subjektiven Vertrauen, das keines Objektes bedarf. Das subjektive Vertrauen ist urteilsfrei und erkennt, geführt durch Herzensweisheit, was gegen die Liebe ist. Genau darin liegt die Weiterentwicklung. Bewusstheit, gesteuert durch Herzverbindung, die Verbindung zu deinem Höheren Selbst. Diese Form von Vertrauen kann nicht missbraucht werden, weil sie bedingungslos ist.

VERTRAUEN ERÖFFNET WEGE

Also noch einmal: Enttäuschtes Vertrauen ist kein wahres Vertrauen, ist nicht das Vertrauen, dessen es bedarf. Enttäuschtes Vertrauen ist abgegebene Verantwortung und damit objektbezogen: „Die werden es schon richten". Nein, werden sie nicht, denn sie handeln unbewusst, gelenkt von einem gierigen Ego, süchtig nach Konsum und Macht und Anerkennung im Außen. Ich habe versucht, zu verdeutlichen, dass das nicht zu einer solidarischen Gemeinschaft führen kann, in der wir uns verbunden fühlen.

Bedingungsloses Vertrauen hingegen ist der Pfad, auf dem eine herzoffene Gesellschaft hin zu der Vision eines Gemeinwesens der Liebe und des Mitgefühls gehen muss.

Dahin müssen wir kommen, dahin müssen wir all unsere Bemühungen ausrichten.

Überall in der Welt entstehen Bewegungen, die bereits damit begonnen haben, und ich bin mir ganz sicher, dass dieser Aufbruch nicht mehr aufzuhalten ist. Die Menschen haben begonnen, ihre Herzen zu öffnen, und diese Lichter werden die Dunkelheit verdrängen, Stück für Stück, mit einer sich potenzierenden Geschwindigkeit. Und jeder von uns kann sofort Teil dieser Bewegung werden, indem er sein Herz öffnet, Ja sagt zur Liebe und bedingungslosem VERTRAUEN!

Wenn ich bedingungslos vertraue, dann bedeutet das nicht, dass ich meine Verantwortung abgebe, im Gegenteil. Wenn ich versuche, das Außen zu kontrollieren, gebe ich Verantwortung ab und werde abhängig. Diesen Kampf kann ich nicht gewinnen, denn Kontrolle ist eine Illusion.

Die Frage ist allerdings: Warum glaube ich an die Utopie einer Welt des Vertrauens als Basis für eine bessere, liebevollere Welt. Warum sollte ich meiner inneren Führung vertrauen? – nun, deshalb, weil es mich zu meinem Ursprung zurückführt, weil es mich daran erinnert, wer ich wirklich bin, woher ich komme. Schließlich komme ich aus einer Welt des bedingungslosen Vertrauens und habe erst damit begonnen, dieses aufzugeben, als man mich, ganz zu Beginn meines irdischen Daseins, in der Phase der totalen Abhängigkeit, davon überzeugt hat, dass ich nicht vollkommen sei. Damals habe ich begonnen, den Teil von mir, der im bedingungslosen Vertrauen war, abzuspalten, und einem Ego zu folgen, das mir - von diesem Zeitpunkt an - weismachte, dass ich mich anstrengen müsse, um überleben zu können und um Aufmerksamkeit und Liebe zu verdienen. Von da an hatte ich begonnen, Vertrauen mit Kontrolle zu verwechseln. Das Schicksal nahm sozusagen seinen Lauf, indem ich all den unwahren Gedanken gefolgt bin, die mit der Trennung von der Liebe verknüpft sind.

Seitdem irrte ich angstgetrieben, voller Komplexe, Minderwertigkeitsgefühlen, Kleinheit, Mangel- und Opferdenken durch das Leben.

Diesen Irrweg, gesteuert vom Ego, dem Produkt der Selbstverurteilung, können wir nur dann korrigieren und neu ausrichten, wenn wir aufwachen und uns erinnern, dass nicht wir es sind, die falsch sind, sondern dass unsere Gedanken unwahr sind.

Wir denken oft unbewusst, meist verurteilend, unreflektiert und voreingenommen, basierend auf dem Wissen und den Erfahrungen der Vergangenheit.

Nehmen wir einmal die Arbeit: Man kann Arbeit betriebs-, volkswirtschaftlich, soziologisch oder philosophisch unterschiedlich betrachten. Als zielgerichtete Tätigkeit ist auch der Stuhlgang als Arbeit unter gewissen Umständen zu sehen oder der Sexualakt, aber das bringt uns an dieser Stelle gewiss nicht weiter.

Im ungünstigen Fall kann man all das als Arbeit bezeichnen, was ich tun muss, um meine Existenz zu sichern, ohne dass ein inneres Bedürfnis daran geknüpft ist. Der Zwang, einer Tätigkeit nachgehen zu müssen, der ich ansonsten nicht nachginge, weil sie gegen meinen inneren natürlichen Trieb ist. Diese Art der Arbeit bedrückt unsere Seele, sie beraubt uns unserer Lebensenergie, sie beutet uns aus. Diese Art der Arbeit kennzeichnet unsere Gesellschaft leider auch heute noch in weiten Teilen. Sonst würden nicht die meisten Menschen von der Rente träumen, der Zeit nach der Arbeit, dem Feierabend, dem Urlaub, dem Wochenende. Diese Art der Arbeit ist es, die uns Menschen in erster Linie krank macht.

Millionen Menschen fahren morgens mit einem grimmigen Gesicht zur Arbeit, mit einem flauen Gefühl im Magen, mit Angst, Druck und Stress und auch ein Großteil der Kinder gehen täglich mit Angst in die Schule. Ich kenne das sehr gut aus eigener Erfahrung. Wenn wir dies überwinden könnten und jeder Mensch aus einem inneren Bedürfnis heraus die Arbeit tun könnte, die ihn erfüllt und begeistert, dann wäre Arbeit „sichtbar gemachte Liebe" (*Kalil Gibran: „Der Prophet"*) und es ist kaum vorstellbar, in welchem Maße die Menschheit erblühen würde.

Solange aber der Großteil der Menschen keine Erfüllung in seiner Arbeit erfährt, bleiben wir unendlich weit hinter unseren Möglichkeiten zurück. Das müsste doch eigentlich jedem einleuchten. Millionen Menschen arbeiten ein Leben lang unmotiviert, und ich möchte jetzt nicht die Hunderttausende von Angestellten in den Amtsstuben der europäischen und nationalen Verwaltungen als Beispiel aufführen, die die Liga der Bore-out-Tabelle anführen. Auch all die stupiden, stumpfen, monotonen oder körperlich und psychisch anstrengenden Arbeiten werden größtenteils unmotiviert verrichtet. Man stelle sich einmal vor, welcher Output möglich wäre, wenn all die, die jetzt noch lediglich leidlich funktionieren, sich mit Begeisterung und Freude einbringen könnten. Wer heute bereits Erfüllung in seiner Arbeit erfährt, in dem, was er tagtäglich leistet – und das sind die wenigsten in der Gesellschaft –, der empfindet das, was er tut, nicht als Arbeit, sondern als Freude, leistet Außergewöhnliches und wird oft auch fürstlich dafür entlohnt. Wie bemerkte der jüngst verstorbene Modezar Karl Lagerfeld dazu: „Am Fließband stehen, das ist Arbeit. Was ich mache, das ist Freizeitgestaltung mit beruflichem Hintergrund."

Dieses Ziel für alle zu erreichen, ist ohne eine bedingungslose Grundversorgung und das damit verbundene Vertrauen nicht möglich. Es wird Zeit, dass die Menschen das verstehen, und zwar nicht nur mit dem Verstand, sondern in erster Linie mit dem Herzen. Die Digitalisierung wird uns in Zukunft dabei unterstützen, immer mehr stumpfe menschliche Arbeit zu ersetzen. Das schafft Raum für sinnhafte Tätigkeiten, z.B. in der Betreuung, Pflege, Erziehung, Therapie, Umwelt usw. Damit sind all die anspruchsvollen, nicht durch Maschinen zu ersetzenden Tätigkeiten gemeint, die heute schlecht bezahlt werden, weil sie ohne Lobby sind, und die durch ein Bedingungsloses Grundeinkommen an Attraktivität gewinnen würden.

In weiten Teilen der Gesellschaft geht die Entwicklung jedoch noch in die entgegengesetzte Richtung, solange ein marktradikaler Neoliberalismus zu immer mehr Ausbeutung führt, und das mit verschärftem Tempo, weil irrsinnige Finanzgeschäfte des Kapitals mit Zins und Zinseszins finanziert werden müssen. Gleichzeitig entstehen überall auf der Welt Bewegungen, die das Problem erkannt haben, und diese Bewegungen werden von Tag zu Tag sichtbarer!

Wir müssen den Begriff Arbeit endlich neu definieren. „Arbeit macht frei" am Eingangstor eines Konzentrationslagers Nazi-Deutschlands ist der Gipfel des Zynismus und verherrlichte selbst die Zwangsarbeit unter unwürdigsten Bedingungen. Aber auch heute klingt der Satz noch zynisch für all die, die in prekären Beschäftigungsverhältnissen schlecht bezahlte Arbeit verrichten müssen und am Existenzminimum leben, während ein kleiner Teil der Menschheit mit aberwitzigem Vermögen lediglich damit beschäftigt ist, in atemberaubendem Tempo Ressourcen zu verbrauchen und um die Welt zu jetten.

Wir müssen unter denjenigen, die noch arbeiten, unterscheiden zwischen Arbeit, die sichtbar gemachte Liebe sein könnte, weil durch sie Potenzialentfaltung in der Gemeinschaft gelingt, weil sie erfüllend ist, und der (Zwangs-) Arbeit, der, leider auch heute noch, im Jahr 2019 in Europa, die große Mehrzahl der Menschen nachgehen müssen, um nicht aus der Gesellschaft ausgestoßen und - wie in Deutschland - als Hartz-4-Fall stigmatisiert zu werden.

BINDUNG

Zärtlichkeit, körperliche Nähe und Zuwendung ist ein Grundbedürfnis des Menschen. Es schenkt dem Kind das notwendige Urvertrauen und jedem Menschen in jedem Alter ein Gefühl von Bindung. Bindung ermächtigt uns, unsere Möglichkeiten zu entfalten, weil sie uns Halt, Zugehörigkeit, Geborgenheit und Wurzeln vermittelt. All das ermöglicht erst, dass wir uns im Vertrauen in das Leben an sich entfalten können. So ist Bindung die erste Voraussetzung für Freiheit. Ungebundenheit verhindert sie.

Die Entfaltung unserer Möglichkeiten gelingt nur dann, wenn die uns innewohnende und umgebende Energie im Fluss ist, wenn die Säfte fließen. Auch blockierte sexuelle

Energie hindert uns daran, befreit in unsere Kraft zu kommen.

Die heutige Lieblosigkeit in der Gesellschaft ist ein Zeichen fehlender Bindung. Was die meisten Menschen stattdessen erfahren sind Traumatisierungen aller Art von frühester Kindheit an.

Die ersten Traumatisierungen beginnen bereits im Bauch der Mutter, z.B. bei einer ungewollten Schwangerschaft oder gar einer versuchten und erfolglosen Abtreibung. Das setzt sich dann fort in der Abhängigkeit des Kindes von den Eltern, Lehrern usw. Wir sind alle mehr oder weniger traumatisiert und übernehmen zusätzlich Traumatisierungen von unseren Ahnen, die den ersten und zweiten Weltkrieg mitmachen mussten. Jetzt kommen unzählige schwersttraumatisierte Flüchtlinge aus allen Kriegsgebieten rund um den Globus hinzu. Jede Traumatisierung, und ganz besonders die in der Kindheit auftretende, bewirkt, dass Überlebensstrategien und Muster entwickelt werden, um die durch die Traumatisierungserlebnisse abgespalteten Anteile zu ersetzen und sie als Schattenaspekte zu überdecken. Dadurch entfernen wir uns von der Realität und entziehen uns unbewusst der bewussten Auseinandersetzung mit dem Ursprung der Traumatisierung, z.B. indem wir zum Kontrollfreak werden, übertriebene Vorsicht walten lassen oder andere Abwehrmechanismen bis hin zu Phobien, Zwangshandlungen, schizophrenen Persönlichkeitszügen, Persönlichkeitsstörungen, depressiven Symptomen usw. ausprägen. Eines dieser abgespalteten Anteile unserer Persönlichkeit ist auch das bedingungslose Vertrauen. Eine gesunde Selbstwahrnehmung, gesundes Selbstvertrauen, das beispielsweise in der Kindheit durch Strenge und Abwertung massiv erschüttert wurde, wird abgespaltet und kompensiert durch die Anstrengung, leisten zu müssen, zu funktionieren oder das Bemühen, alles richtig zu machen, Erwartungen zu erfüllen. Das ist oft ein Kampf und sehr anstrengend. Gleichzeitig werden dadurch die mit dem traumatischen Erlebnis einhergehenden Gefühle von Ohnmacht und Wut des Kindes und später des Erwachsenen ,Kindes' unterdrückt. Das Kind glaubte einst, die Ohnmacht und Ablehnung nicht ertragen zu können, und so begleiten diese Gefühle auch den Erwachsenen, denn es ist bekannt, dass nicht bejahend gefühlte Gefühle durch ihre Unterdrückung ermächtigt werden. Sie werden immer machtvoller und wirken aus dem Unterbewusstsein heraus.

Überlebensstrategien sind in Notfall-, Gefahren- oder Extremsituationen ja durchaus hilfreich, wenn wir ein Teil der Realität ausblenden müssen, um handlungsfähig zu bleiben. Bleiben sie aber langfristig aktiv, weil Teile der gesunden Persönlichkeitsanteile abgespalten wurden, dann sind diese Strategien, auch Abwehrmechanismen genannt, für den Einzelnen solange notwendig und wirksam, bis er dem zugrundeliegenden Thema auf die Schliche gekommen ist und beginnt, es zu heilen. Dabei hilft der rein kognitive Klärungsprozess nicht weiter, solange mit den Verstrickungen nicht Frieden gemacht ist und die abgespalteten Anteile wieder integriert worden sind, d.h. Herz öffnen für das verletzte Kind, die Wut und Ohnmacht des Kindes bejahend fühlen und annehmen, dass die Eltern, Lehrer etc. nicht anders konnten, weil sie selbst in der Not waren, es nicht besser wussten.

Traumatisierte Anteile sind uns nicht bewusst und können jederzeit getriggert werden. Sie entfernen uns von der Realität und unserer wahren Identität, von dem, der wir wirklich sind. Die zugrundeliegenden Verletzungen, die nicht gefühlten, weil abgespalteten und überdeckten Gefühle bleiben dabei immer latent vorhanden und führen zu unwahren Gedanken – „Ich muss kämpfen, weil ich sonst nicht geliebt werde" – sie führen ebenso zur Selbstverurteilung und Verurteilung anderer, zum Nein zu dem, was ist und enden in seelischen Konflikten und körperlichen Symptomen.

Abgespaltete Gefühle können nur durch Fühlen wieder integriert werden, d.h. wer fühlt, wird vom Objekt wieder zum Subjekt, während Anpassung und Funktionieren aus einem Subjekt ein Objekt machen, das bereit ist zur Massenpsychose, weil es einen wichtigen Teil der Realität, nämlich seine Identität, verloren hat und damit die Fähigkeit zur urteilsfreien Betrachtung. Ich glaube langsam wird deutlich, wie gewaltig die Thematik ist, mit der wir uns konfrontiert sehen.

In der Massenpsychose wird quasi die Lust daran potenziert, sein eigenes ausgeblendetes Opferdenken auf ein gemeinsames Thema zu projizieren. Deshalb ist es so elementar wichtig, dass wir uns, aus einer reifen, erwachsenen Haltung heraus, immer wieder klarmachen, was unser Anteil an dem ist, was uns im Außen begegnet.

Wie bereits erwähnt, leben wir noch in einer Gesellschaft, die vorwiegend von Konkurrenzdenken geprägt ist, und dieses Konkurrenzdenken wird nach wie vor, in der Erziehung von frühester Kindheit an, in Kindergärten und in den Schulen implantiert und gefördert und setzt sich fort in der Arbeitswelt. Konkurrenz, Vergleichen, Verurteilen, Beurteilen, Abwerten. All das führt uns immer tiefer in eine identitätsferne traumatisierte Gesellschaft, in der Solidarisierung verhindert und Entsolidarisierung gefördert wird.

Kooperation und Solidarität dagegen führen heraus aus der Traumatisierung in der Gesellschaft, weil sie subjektorientiert sind und Identität bei jedem einzelnen Mitglied der Gesellschaft stiften. Nur so kann eine friedliche Gesellschaft entstehen.

Eine positive und gesunde Identitätsbildung wiederum hat Auswirkungen auf alle Ebenen der Kommunikation und des sozialen Zusammenlebens.

Indem wir dem Menschen quasi auf allen Ebenen von klein an vorgeben, wie er zu sein hat, berauben wir ihn frühzeitig seiner Identität. Das bedeutet, dass dadurch mehr oder weniger eine permanente Form von Traumatisierung stattfindet. So spaltet der Einzelne all das, was er an sich selbst, aufgrund des Konkurrenzkampfes und des ständigen Vergleichens mit anderen, ablehnt, ab und sucht permanent Wege, um seine vermeintlichen Fehler und die damit verbundenen Gefühle zu unterdrücken:

Ich muss mich anstrengen – Kleinheit; ich muss aufpassen – Angst; ich muss mich anpassen, funktionieren – Ohnmacht; ich brauche Harmonie – Wut; ich darf mich nicht zeigen – Scham; das darf nie wieder passieren – Schuld; ich muss die Kontrolle haben – mangelndes Ur-Vertrauen usw.

Dass eine Gemeinschaft Regeln benötigt, um sich zu organisieren, ist unbestritten. Wenn diese Regeln allerdings dazu führen, dass ungesunde Entwicklungen stattfinden und Strukturen zementiert werden, die Ungleichheit verschärfen, Konkurrenzkampf etablieren, Unterdrückung, Ausbeutung und Entsolidarisierung instrumentalisieren, dann müssen Regeln geändert werden.

Vom Konkurrenzkampf und der damit verbundenen Entsolidarisierung profitieren stets diejenigen am meisten, die es am skrupellosesten verstehen, die anderen auszubeuten und gegeneinander auszuspielen. Das haben uns mindestens die letzten 2000 Jahre ununterbrochen immer wieder bewiesen. Am Ende haben immer alle verloren und die Welt versank stets im Krieg. Der dritte Weltkrieg ist doch längst im Gange. Im Prinzip hat er schon während des zweiten Weltkriegs begonnen, die Historiker unter uns wissen das. Der Kalte Krieg, das Wettrüsten, die Handelskriege, die heißen Kriege in Afghanistan, im Irak, Iran, in Libyen, im Jemen, in Syrien, Palästina, Mali, Somalia, im ehemaligen Jugoslawien, der Ukraine usw. Die Liste ist eindeutig zu lang, um sie aufzuzählen. Viele Millionen Opfer sind zu beklagen. In Teilen Europas haben wir zwar seit langem keinen Krieg mehr, aber er wird von hier aus mit Drohnen geführt, finanziert, ausgerüstet und die Folgen kehren inzwischen in Form von Kriegsflüchtlingen zurück in die Ursprungsorte, von wo die Kriege mit angezettelt wurden. Über 100 Millionen Menschen stehen bereits mit gepackten Koffern bereit, um nach Europa umzusiedeln.

Es liegt an uns, diese Kriege und damit verbundenen Entwicklungen schnell zu beenden.

Nie war die Gelegenheit dazu so günstig. Nie war die Bewegung derjenigen, die aufwachen und das verstehen, so groß.

Aber: Wie sieht es mit dem Krieg in Dir aus? Wo herrscht bei dir noch Unfrieden? Der Weg, den ich gehen möchte, ist ein Weg des Friedens und Friedenmachens mit mir selbst. Ob ich glücklich werde, weiß ich noch nicht, aber ich bin bereit, wenn das Glück an die Tür klopft. Ich war nie zuvor so bereit, denn ich weiß jetzt sehr viel besser, wer ich bin und was meine Bestimmung sein könnte, als ich es jemals zuvor wusste. Mit jedem Anteil meiner Persönlichkeit, den ich mir zurückhole, indem ich achtsam meine Verstrickungen kläre, komme ich meiner wahren Identität näher.

Ich habe Angst, aber ich nehme sie an. Ich habe Zweifel, aber ich bin wild entschlossen, mein Herz nicht zu verraten und ich werde jeden meiner Schritte beobachten, mein Stolpern, mein Zögern, mein Zaudern, meine unwahren

Gedanken. Ich werde meinen Weg überprüfen, meine Motive klären und versuchen, ehrlich zu sein.

Ob es jedem so geht, der das unehrliche Spiel beendet – wahrscheinlich. Noch fühle ich mich oft allein, wünsche mir ein paar Gefährten. Ich weiß, viele da draußen sind ebenfalls auf dem Weg.

DER POLITISCHE IRRWEG

Die bisherige Politik ist gescheitert und ein „Weiter so", wie es die gegenwärtigen parlamentarischen Fraktionen und Parteien anstreben, mit jeweils leicht voneinander abweichenden Beteuerungen von Korrekturen an Symptomen der einst halbwegs funktionierenden, mittlerweile aber untauglichen Systeme, hat keinen Bestand mehr. Jedem, der ehrlich ist und sich mit Politik beschäftigt, ist das klar.

Die immer wiederkehrende Betonung der politisch Handelnden, es sei uns schließlich noch nie so gut gegangen, halte ich für einen statistischen Trick, ebenso wie die Anzahl der Kreuzfahrtschiffe auf den Weltmeeren kein Gradmesser für Glück und Zufriedenheit sein kann.

Ohnmachtsgefühle, Unzufriedenheit, Existenzängste, die Explosion chronischer und neurologischer sowie kardio-vaskulärer Erkrankungen, die Zustände in Pflegeheimen, der allgemeine Pflegenotstand, unzählige ehrenamtlich betriebene Tafeln zur Abfederung von Hunger in Deutschland, die kontinuierlich steigende Anzahl von prekären und zeitlich befristeten Beschäftigungsverhältnissen ohne Möglichkeit der Rentenvorsorge und Aussicht auf eine ausreichende Rente, steigende Mietpreise, Energiekosten und Immobilienpreise, damit zunehmende Armut, vor allem Altersarmut, der komplette Einzelhandel in Deutschland kämpft ums Überleben, ebenso Freiberufler und Selbständige ohne Altersvorsorge, ein zunehmend wachsender Unterschied zwischen Arm und Reich, Migrationsdruck und Traumatisierungseinwanderung, Identitätsverlust, eine Rekordverschuldung der Länder der EU, steigende Rüstungsausgaben, von den Folgen des Klimawandels, der Verschmutzung der Meere, der Vergiftung der Böden und dem rapiden Artensterben einmal abgesehen, sollten uns einen Hinweis geben auf den sagenhaften Erfolg der Politik der letzten Jahre.

Wer glaubt denn heute noch, dass es dazu keine Alternativen gäbe?

Vertrauen in das Leben und die Liebe bedeutet, all das, was gegen die Liebe ist, wahrzunehmen und zu handeln. Wir müssen uns nur neu entscheiden. Es kann nicht genügen, den Identitätsverlust einer traumatisierten Gesellschaft dadurch zu kompensieren, dass wir die Ausbeutung der eigenen Seele nach außen projizieren.

Sämtliche Kriege, die bisher geführt wurden, mit Zerstörung unvorstellbaren Ausmaßes und unsagbarem menschlichen Leid, selbst der Völkermord – und was anderes ist eigentlich Krieg – wurde von den handelnden Personen immer mit Alternativlosigkeit und der Vorspiegelung von teilweise inszenierten Provokationen und Gräueltaten gerechtfertigt. Erinnern wir uns z.B. an Vietnam, an Jugoslawien, die Ukraine, den Irak, um nur einige zu nennen. Und was passiert da gerade im Iran?

Wann wollen wir anfangen, daraus zu lernen? Wann wollen wir lernen, dass Anzug und Krawatte bzw. Kostüm oder Blazer und ein einigermaßen geschliffenes Mundwerk kein

Attest für geistige Reife, Authentizität und schon gar nicht für Wahrhaftigkeit darstellen?

In die Führungsetagen der Politik, der Wirtschaft und Finanzindustrie sowie der Medien gelangen fast ausnahmslos geschliffene Machtmenschen, die, durch die Eliteschulen und Zirkel der Mächtigen indoktriniert, niemals die Systemfrage stellen würden; schließlich garantiert das System ihnen Macht, Ansehen, Reichtum und Anerkennung. Die Leere in ihrem Inneren wird kontinuierlich durch die Befriedigung ihres Egos gestopft. Die merken nichts mehr. Und wenn einer was merkt, dann wird er ganz schnell entsorgt.

WARUM HERRSCHT STILLSTAND IM LAND

Wenn wir den Blick einmal abwenden vom Geldadel und den Eliten, die an der Spitze der offensichtlichen Profiteure der neoliberalen Politik stehen, dann müssen wir feststellen, dass auch in der Mitte der Gesellschaft der Reformwille bzw. der Wille zu Erneuerung - bei aller Unzufriedenheit mit den Politikern - nicht ausgeprägt ist.

Wenn es beispielsweise um eine Neuausrichtung der Sozialsysteme, der Arbeitswelt oder des Steuersystems geht oder wenn Gegner und Befürworter eines Bedingungslosen Grundeinkommens versuchen, miteinander zu diskutieren – und das habe ich in vielen TV-Diskussionen und auf Internetforen immer wieder beobachten müssen – dann möchte man sich fast ununterbrochen die Haare raufen ob des unproduktiven Verlaufs dieser Auseinandersetzungen. Aber woran liegt das?

Während die Befürworter eines BGE über den Tellerrand blicken und aus der Metaebene eines positiven Menschenbildes oft erfrischend herzoffen argumentieren, verweilen die strikten Gegner eines BGE in ihrer Ablehnung in einem festgezurrten Menschen- und Weltbild, sie verteidigen das System an sich als alternativlos, unterbinden jedes Rütteln am Status Quo und ziehen eine bedingungslose Zuwendung wie das BGE als völlig abwegige Ausgeburt eines fehlgeleiteten Denkens ins Lächerliche, wobei sich mit dem Kindergeld ja bereits eine bedingungslose Zuwendung längst etabliert hat. Und dabei meinen sie es nicht einmal böse, denn ihr ‚Narrativ' - dieses Wort darf inzwischen in keinem Halbsatz mehr fehlen, um deutlich zu machen, dass man intellektuell ganz weit vorne liegt - ist geprägt von einem Abwehrmechanismus, der es ihnen verbietet, die Realität aus einem geklärten Selbst-Bewusstsein heraus wahrzunehmen. Dieser Abwehrmechanismus zwingt sie quasi dazu, die Welt so zu sehen, wie sie aus ihrer Perspektive zu sein hat, um den möglichen eigenen Irrtum nicht in Betracht ziehen zu müssen. So klammert man sich auch an das existierende Steuer-, Renten-, Finanz- oder Bildungssystem im Glauben an dessen Reformierbarkeit und daran, dass es ausreichen würde, an der einen oder anderen Schraube zu drehen, um die Zukunft in einer sich radikal verändernden Welt zu gestalten. Im Idealfall mag es sogar ausreichen, einer Missgeburt wie Hartz 4 einen neuen Namen wie Bürgergeld zu verpassen, wie es die SPD-Vorderen uns gegenwärtig weismachen wollen. In einer traumatisierten Gesellschaft wie der unseren - und ich nehme niemanden davon aus, weil wir alle mehr oder weniger traumatisiert worden sind im Laufe unserer Biografie - bleibt derjenige in seinem Abwehrmechanismus des Funktionieren-Müssens, der Anpassung, des „Weiter so" stecken, dem es nicht gelingt, aus seinem Bezugsrahmen einmal herauszutreten, die Perspektive zu wechseln und aus der Metaebene auf sich selbst und das, was sich da vor unserer Nase abspielt, zu schauen. Dieses unbewusste in einem Muster Verhaftet-bleiben macht eine Kommunikation, die über den Bezugsrahmen des Traumatisierten hinausgeht, unmöglich. In der Psychotherapie sprechen wir auch von Überlebensstrategie, wenn der Abwehrmechanismus wirkt. Wenn wir in der Überlebensstrategie sind, dann blenden wir einen Teil der Realität aus. Franz Ruppert, einer der führenden Psychotraumatologen und Professor für Psychologie, empfiehlt, aus dem Überlebensanteildialog auszusteigen, denn er führt zu nichts. Ich nenne es gerne Kindergartendialog, weil die Beteiligten aus den Verstrickungen und Verletzungen des inneren Kindes heraus agieren. Wir können diese unsinnigen und unsäglichen Diskussionen in den Talkshows der öffentlich rechtlichen Medien tagtäglich beobachten. Sie sind eine Zumutung für jeden, der sich dieser psychischen Mechanismen bewusst ist.

Die Starre und Reformunfähigkeit unserer existierenden Strukturen wird nicht zuletzt am Bildungssystem überdeutlich, über dessen Rückständigkeit und Dysfunktionalität seit vielen Jahren diskutiert wird, ohne dass etwas Grundlegendes daran verändert worden wäre. Die jüngste digitale Offensive des Bildungsministeriums in Form eines sogenannten "Digital-Paktes", der die Schulen bundesweit mit Mitteln in Höhe von 5 Milliarden Euro zum Zwecke der IT-

Aufrüstung ausstatten soll, scheitert derzeit am Ränkespiel zwischen Bund und Ländern, genauer an der Angst der Kultusministerien, auch nur einen Zentimeter an Entscheidungskompetenz abgeben zu müssen. Angst um Pfründe, Zuständigkeitshoheiten und Machtverlust. Misstrauen allenthalben. Der gelobte Bildungsföderalismus verhindert jedes auch noch so kleine Reförmchen. Kleinste Veränderungsversuche in diesem maroden, veralteten Bildungssystem werden ausgebremst von ängstlichen Besitzstandswahrern und Bürokraten. Deutschland ist zum Land der Besitzstandswahrer und Mahner geworden. Aber es ist nicht verwunderlich: Eine Revolution der Bildung würde schließlich mit Macht an den Grundfesten der geltenden Herrschaftsordnung rütteln und die Ausbeutung der Ahnungslosen beenden. Stattdessen werden sowohl Lehrer als auch Schüler alleingelassen, wird Unverbindlichkeit statt Bindung, Anpassung statt Selbstbestimmung vermittelt.

Aber zurück zum BGE: Der Befürworter innerhalb der Diskussionsrunde ist für gewöhnlich in seiner persönlichen Entwicklung dem BGE-Gegner aus erwähnten Gründen meist einige Schritte voraus, was seine Identität, seine Selbst-Annahme und sein subjektives Vertrauen betrifft. Wer nämlich nicht bereit ist, wahrhaft zu vertrauen, bleibt in der Illusion der Trennung stecken und wird einem BGE nichts abgewinnen können. Er ist gesteuert von seinem Ego und der Angst, dass der äußere Rahmen, der ihn stützt, zusammenbrechen könnte.

Am BGE wird deutlich, wie sehr die Menschen noch gespalten sind in diejenigen, die sich bereits auf den Weg gemacht haben, und die, die sich krampfhaft dagegen wehren, sich für eine neue Perspektive auf sich selbst zu öffnen, aus Angst, etwas von sich preisgeben zu müssen, ihre innere Größe anzuerkennen, die in Wahrheit doch unabhängig ist vom äußeren Status.

So redet man weiter aneinander vorbei. Der BGE-Befürworter wird als Phantast verhöhnt, eine Annäherung ist fast unmöglich.

Wir, die wir unsere gedanklichen Fesseln etwas gelockert haben, müssen dennoch unseren Weg weitergehen, weiter Angebote machen. Die dafür notwendige Kraft und den

Mut können wir sammeln, indem wir immer wieder innehalten, achtsam, herzoffen, und uns daran erinnern, dass der uns im Außen vielleicht noch verhöhnende Andersdenkende immer dann, wenn er wieder unsere Knöpfe drückt, uns lediglich an den Zweifler und die Angst erinnert, die immer noch in uns selbst aktiv sind.

Indem ich jedem anderen bedingungslos vertraue, erlaube ich ihm, diesem Vertrauen gerecht zu werden.

Misstrauen bewirkt Entsolidarisierung. Die Privilegierten schließen sich soweit es geht zusammen, bilden Oligopole, wenn's geht Monopole und entwickeln raffinierte Strategien, die Massen zu kontrollieren und so zu lenken, dass die Machtverhältnisse so bleiben wie sie sind, ohne dass der Mob auf die Idee käme, sich zu organisieren oder gar zu revoltieren. Die Systeme, wie wir sie heute erleben, die Geostrategie der Mächtigen, die Verteilungskämpfe, Kriege, alle Gewalt und Unterdrückung sind die Ausgeburt von Misstrauen. Und auch das heutige Sozialsystem ist kein Akt der Menschenliebe und Solidarität, ist es nie gewesen; vielmehr repräsentiert es, ebenso wie damals zur ersten Stunde der Sozialgesetze zu Bismarcks Zeiten, eine Strategie des Misstrauens, um die Massen in Schach zu halten. Otto von Bismarck selbst hat diese, ihm heute auf die Fahne geschriebenen Sozialgesetze, nie für erwähnenswert erachtet. Und doch bin ich davon überzeugt, dass all die, die als Politiker und Funktionäre, als Lobbyisten und Wirtschaftslenker vom Misstrauen und ihrer Angst um ihre Privilegien gelenkt sind, auch die Sehnsucht nach Frieden und Liebe im Herzen tragen und zumindest die Ahnung von einer besseren Welt. Jeder, auch jeder Politiker, tut - zu jeder Zeit - das aus seiner Sicht Richtige.

Warum misstrauen wir? Doch meist deswegen, weil wir schlechte Erfahrungen gemacht haben. Wir wurden enttäuscht. Unsere Erwartungen wurden enttäuscht. Wieder und wieder. Ich hab dir vertraut und du hast mich enttäuscht. Die Welt ist eben schlecht. Vertrauen ist gut, Kontrolle ist besser. Wenn die Katze aus dem Haus ist, tanzen die Mäuse auf dem Tisch.

Diese Sprüche und Weisheiten sind eine Bestätigung von vermeintlich berechtigtem Misstrauen. Wenn ich mich nicht um alles selbst kümmere, dann läuft alles schief.

Diese Glaubenssätze sprechen vom Kontrollwahn dessen, der enttäuscht wurde, der sich getäuscht hat, der mit sich selbst hart ins Gericht geht und die Selbsttäuschung nach außen projiziert. „Ich darf nie wieder enttäuscht werden, ich darf nie wieder vertrauen", ist der dahinter stehende Eid, den er geleistet hat. Es ist ein Kampf gegen Windmühlen, denn sein Glaubenssatz, nicht vertrauen zu dürfen, muss immer wieder im Außen bestätigt werden und führt so zu noch mehr Kontrolle, noch mehr Absicherung. Das Herz verschließt sich, der Mensch wird so starr wie das Kontrollsystem, das er um sich herum aufgebaut hat. Das Ego hat gesiegt.

Wir sind eine Gesellschaft des kollektiven Misstrauens. Solidarität wird proklamiert, aber wir müssen aufpassen, dass sie nicht missbraucht wird. Nur der bekommt etwas, der beweisen kann, dass er wert ist. Am besten schriftlich mit einem amtlichen Stempel drauf, damit man abgesichert ist. Der Wert eines Menschen wird oft reduziert auf den Grad seiner Anpassungsfähigkeit an vorgeschriebene Bürokratiewege durch teilweise sinnentleerte Instanzen. So verschwindet der Mensch immer mehr hinter Zertifikaten, Belegen, Bescheinigungen, Stempeln, in einem Meer des Misstrauens, das letztlich all die einlädt, es zu missbrauchen und davon zu profitieren, die sich am allermeisten ent-solidarisiert haben. Man denke dabei auch einmal an das furchtbar gerechte Steuersystem und die jüngsten Skandale: Panama papers, Cum-Ex, Cum-Cum, Ex-Cum, schubidoo! Klingt doch fast schon lustig, ist es aber nicht.

In einer solidarischen Gesellschaft würde wohl kaum jemand zwei Jahre unbemerkt tot in seiner Wohnung liegen bleiben oder Kinder unbemerkt jahrelang für Pornografie missbraucht werden, quasi unter Aufsicht des Jugendamts, alte Menschen in Mülltonnen nach Verwertbarem suchen, Hunderttausende zur Tafel gehen müssen, inzwischen auch zur Hundetafel, weil einsame Menschen sich nicht mehr die Nahrung für ihren einzigen Gefährten, der ihnen geblieben ist, leisten können.

Wir wollen doch alle eine solidarische Gemeinschaft, wir sehnen uns doch alle nach Liebe und Geborgenheit, nach einem friedlichen Zusammenleben, und dennoch säen wir Misstrauen und Angst, predigen Mangel und Knappheit, wo an anderer Stelle Verschwendung bis zur Lächerlichkeit praktiziert wird.

Wenn wir eine andere Welt erschaffen wollen, und ich bin überzeugt, es ist möglich, dann müssen wir unsere innere Grundhaltung neu bestimmen, neu ausrichten.

Wie können die Menschen von einer besseren Welt träumen, wenn ihr Herz verschlossen ist und sie von Misstrauen und Barmherzigkeit besessen sind? Das ist doch ein Widerspruch, und würdelos.

Die Würde des Menschen ist unantastbar. Alle Menschen sind vor dem Gesetz gleich. Männer und Frauen sind gleichberechtigt. Niemand darf wegen seines Geschlechtes, seiner Abstammung, seiner Rasse, seiner Sprache, seiner Heimat und Herkunft, seines Glaubens, seiner religiösen oder politischen Anschauungen benachteiligt oder bevorzugt werden.

Die Vereinnahmung der Justiz und auch der Medien durch die Regierenden, die ihre Vertreter in den jeweiligen Gewalten inzwischen platziert haben, hebt das Prinzip der

Gewaltenteilung teilweise auf, was unbedingt korrigiert werden muss. Die Unabhängigkeit der Leitmedien ist nicht mehr in dem Maße vorhanden, wie es in einer freien Gesellschaft gemäß wäre. Lediglich durch alternative Medien im Internet und Autoren, die frei publizieren, ist eine objektive Informationsmöglichkeit noch gegeben, wobei auch die alternativen Medien bereits ins Fadenkreuz derjenigen geraten sind, die, getrieben von Misstrauen und Kontrollwahn, im Dienst der Mächtigen stehen.

Es scheint also nicht weit her mit der Würde und dem Wert aller Menschen. Misstrauen und Kontrolle widersprechen dem Gedanken von Freiheit und Unabhängigkeit. Wenn wir eine freie und unabhängige Gesellschaft haben wollen, in der jeder Mensch gleich viel wert ist und seine Würde gewahrt werden soll, und wenn wir dem Leben vertrauen, dann kommt jeder Verrat und jede Manipulation irgendwann ans Tageslicht. Wir leben in einer Zeit der Transformation, in der alles ans Licht kommt, was nicht in der Liebe ist. Das spüren auch immer mehr Beteiligte.

Wir haben jetzt viel über Misstrauen, Erwartungen und Enttäuschungen und Kontrolle gehört. Was aber bedeutet es für mich, wenn ich bedingungslos vertraue? Kann ich überhaupt einfach so bedingungslos vertrauen oder ist das nur ein theoretisches Modell?

Das Reizvolle des Bedingungslosen ist ja, dass es nicht enttäuscht werden kann, niemals. Wenn ich dem Leben bedingungslos vertraue, dann kann es mich nicht mehr enttäuschen. Oder fehlt da vielleicht noch ein Schritt, nämlich die Bereitschaft, das anzunehmen, was ist?

Mein Vertrauen wird bekanntlich genau dann im höchsten Maße geprüft, wenn der Zweifel am größten ist, wenn alle Hoffnung beginnt, zu schwinden, in der Leere, Plan-, Ziel- und Freudlosigkeit der Gegenwart. An der Schwelle zwischen lebenswert und nicht mehr lebenswert. Wenn es mir an diesem Punkt noch an Selbstachtung mangelt und mein Herz verschlossen ist, dann kann sich die Ver-Zweiflung schnell zerstörerisch auswirken – selbst-zerstörerisch.

Vor dem Ausbruch des verzweifelten Schreis nach Liebe, der sich in Hass, Bitterkeit, Aggression, Gewalt, Starre, Härte, Unbarmherzigkeit, Kälte und Gleichgültigkeit entladen kann, bewahrt uns dann nur noch das Bewusstsein, dass die Liebe, nach der wir schreien, bereits in uns ist und dass wir diese unbändige Sehnsucht nach Liebe im Außen in der Tiefe unserer Seele, unseres innersten Wesens, umarmen können.

Bewusstsein und Achtsamkeit lässt mich das Licht in meiner Mitte wahrnehmen, wenn ich mich verbinde, zentriere und atmend mein Herz öffne, dann öffnet sich auch der Blick auf den göttlichen Strahl, der ewig leuchtet, die Liebe in mir, die immer da war und immer da sein wird, auch wenn die Lichter im Außen längst erloschen sind. Ja, es klingt pathetisch, aber:

Wir können nur dann wieder ganz werden, wenn wir uns mit der Liebe verbinden.

Unser Bedürfnis nach Erfahrung von Ganzheit drückt sich unter anderem in der brennenden Sehnsucht nach der Verschmelzung mit einem anderen Menschen aus. In der Polarität unseres irdischen Daseins erscheint uns diese Erfahrung nur in einer gelungenen Beziehung mit dem passenden Partner möglich und ist scheinbar durch nichts zu ersetzen.

Also gipfelt die Suche nach dieser Ganzheitserfahrung in dieser Verschmelzung mit dem Partner und in der Realisierung der höchsten Vision unseres Selbst durch die Entfaltung unseres Potenzials darin, wofür wir bestimmt sind. Nichts davon erlaubt es, Bedingungen zu stellen.

Aber was, wenn wir diese Ganzheit in einer Beziehung, einer Partnerschaft nicht erleben, wenn wir unsere Bestimmung nicht finden oder nicht ins Leben bringen können? Wenn der Wunsch nach der großen Liebe nicht in Erfüllung geht, was tröstet mich dann? Annehmen, was ist? Selbst wenn ich in der Lage bin, die anderen so zu lassen wie sie sind und mein Schicksal anzunehmen, so bleibt doch die Leere in mir und die Trauer. Ja, wir sind Ganzheit in unserer Essenz, doch diese Ganzheit unseres innersten Wesens dringt nicht in unsere Erfahrungswelt durch, solange wir nicht erleuchtet sind. Und wer wollte das schon von sich behaupten?

Also bleibt die Traurigkeit, ohne sie wird es nicht gehen. Trauer und ein Gefühl der Leere, des Zweifels, der Verzweiflung und als einziger Ausweg das Vertrauen - und Liebe.

Vertrauen und Liebe sind in Wahrheit alternativlos, wenn wir nicht im Misstrauen, Hass und der Angst erstarren wollen.

Misstrauen, Hass und Angst führen in eine Spirale von Gewalt und Ausbeutung. Liebe und Vertrauen verbinden, nähren, stiften Sinn, Freude und Freiheit. Es erfordert allerdings, durch die Leere und die Trauer hindurch zu gehen. Der Weg in die Fülle führt durch die Leere, der Weg in die Freude führt durch die Trauer. Der Weg ins Vertrauen führt durch den Zweifel.

Die meisten Menschen – und ich schließe mich davon nicht aus – fürchten sich genau davor und tun alles, den Weg durch die eigenen Untiefen zu vermeiden. Und diese Vermeidungsstrategien werden uns allen zum Verhängnis, weil wir alle ausnahmslos auf alles zurückgeworfen werden, was wir unterdrücken, egal wie raffiniert die Taktik ist, die wir anwenden. Außerdem führen sie in die Sucht, meist Konsumsucht oder Drogensucht, Sexsucht, Spielsucht, Vergnügungssucht, Erfolgssucht, Gesundheitssucht, Sportsucht, was auch immer. Genuss und Fülle, die Freude an allem Schönen, das die Welt bietet, ist herrlich; aber wir dürfen sie nicht um den Preis der inneren Leere suchen. Und doch ist das der Standard in einer traumatisierten Gesellschaft, und wir sind eine in höchstem Maße traumatisierte Gesellschaft, aber bei den meisten von uns fehlt es an Bewusstheit darüber, dass wir traumatisiert sind. Traumatisiert sind doch höchstens die anderen, ich doch nicht. Nein. Ich bin doch stark, erfolgreich, sportlich und fleißig –

und angepasst und pflichtbewusst und stets bemüht, das Richtige zu tun.

Inwieweit gebricht es dir an bedingungslosem Vertrauen, an Mitgefühl und inwieweit beherrschen dich Angst, Misstrauen und Kontrolle oder geht dir das Schicksal der anderen gar am Arsch vorbei? „Was geht mich das an?" Prüfe selbst.

Ich schließe mein Auto und meine Wohnungstür ab und ich meide bestimmte Orte zu bestimmten Zeiten, weil ich Angst habe. In Amerika hat fast jeder, selbst Kinder, mindestens eine Waffe im Haus. Die Angst geht um. Aber ich wünsche mir eine friedliche Welt, in der alle freundlich miteinander umgehen und jeder ein lebenswertes Leben führen kann, und ich weiß, es ist möglich, wenn wir uns unseren Ängsten stellen, sie umarmen und uns entscheiden zu vertrauen. Wir können dann allerdings nicht so weitermachen wie bisher. Wenn du dich dafür entscheidest, dein Herz zu öffnen und zu vertrauen, dann wirst du ein anderer Mensch. Du wirst jeden Verrat erkennen und du wirst keine Partei mehr wählen, du wirst aus jeder Partei, egal wie sie heißt, austreten und nur noch deiner

Wahrheit folgen. Und du wirst die erkennen, die dasselbe tun. Und es werden mehr werden, das Licht wird sich ausbreiten. Und es wird der Tag kommen, an dem du dein Auto nicht mehr abschließen musst. Das klingt utopisch in einer Zeit zunehmender Unsicherheit, aber ich bin sicher, dahin wird die Reise gehen. Wir haben es in der Hand, es ist eine Frage des Bewusstseins. Wir sind noch nicht soweit, aber wir sind auf dem Weg. Denken wir nur an den Boom, den der Jakobsweg nach Santiago de Compostela seit vielen Jahren erlebt. Die Sehnsucht ist riesig, die Liebe rüttelt an den Menschen und jeder, der sich dagegen verhärtet, der wird das nicht aushalten, er wird vergehen – und das oft schneller als wir das für möglich halten. Die Starrsinnigen und Steinherzigen fallen um wie die Fliegen und das Tempo nimmt stetig zu.

GÖTTERDÄMMERUNG

Wir Menschen neigen immer dazu, denen zu glauben und zu folgen, die uns die größten Versprechungen machen. Dabei sind Versprechen immer Lügen! Versprechen basieren ebenso wie eine Lebensversicherung auf einer Lüge. Ich kann nichts versprechen, was morgen ist, denn ich weiß es schlicht nicht. Ich kann maximal versprechen, was jetzt ist. Deshalb lügen Politiker immer, wenn sie Versprechungen machen.

Eine Partei spaltet von Natur aus, denn sie vertritt die Interessen ihrer Interessengruppen. Interessengruppen bilden sich aus Angst und Misstrauen.

Wir können nicht einfach die Parteien abschaffen. Es macht keinen Sinn, alles niederzureißen und alle fortzujagen. Also muss der Wandel von innen heraus stattfinden.

Zurzeit erinnert sich die SPD gerade wieder an ihre sozialen Wurzeln und serviert die umwerfende Idee einer bedingten Grundrente, aus Angst, noch mehr Wählerstimmen zu verlieren. Die Politiker dieser Partei sind sich nicht einmal der Peinlichkeit dieser Aktion bewusst. Tiefschlaf und Entfremdung. Einige merken das.

Es geht aber nicht darum, die Herrschenden zu vertreiben, sie zu eliminieren. Sie werden von selbst zurücktreten, wenn es soweit ist, und denen Platz machen, die bereit sind. Das ist das Wesen der Transformation. Es ist ein natürlicher Prozess und er geschieht als innerer Wandlungsprozess – völlig gewaltfrei.

Die Transformation der Gesellschaft kommt von hinten, während die Politik ihr Heil in der Flucht nach vorne sucht. Ein alter Reflex der Angst, des Misstrauens und der Kontrolle, der die Menschheit ein um das andere Mal ins Verderben geführt hat.

Dennoch: Der Weg des Vertrauens lässt die Dinge geschehen, die gemäß sind und die Gesellschaft auf die nächste Entwicklungsstufe heben. Es fügt sich also.

Bedingungsloses Grundeinkommen, Gemeinwohlökonomie, Tierwohl, ökologisches Bewusstsein, Freiheit, Solidarität, Würde, Respekt, Toleranz, Individualität und Gemeinschaft erwachsen aus Vertrauen, Mitgefühl, Verantwortung und Liebe. Sie bringen das Beste aus den Menschen hervor.

Inneres Wachstum erfordert Herzensweisheit. Diese wohnt jedem Individuum automatisch inne. Allerdings ist sie meist verdeckt durch einen mehr oder minder ausgeprägten Verstand. Die Leistungen unserer Intelligenz, die, wie die Wissenschaftler mittlerweile herausgefunden haben, überwiegend im Gehirn und im Darm zu finden ist, sind entweder unbewusster Natur, wie z.B. die Funktionen des vegetativen Nervensystems, des Sympathikus, Parasympathicus oder der extrapyramidalen Bahnen, oder müssen erlernt werden. Die Herzensweisheit ist von Anfang an in vollem Umfang vorhanden. Aber sie muss durch Bewusstheit aktiviert werden. Der Schlüssel zu einer höher entwickelten Gesellschaft ist also Bewusstheit.

Nun gibt es zwischen einigen unbewussten kopfgesteuerten Naturwissenschaftlern und denen, die an eine geistige Dimension glauben, den ewigen Streit darüber, ob das Bewusstsein unabhängig vom menschlichen Gehirn existiert oder nicht. Diese Frage muss letztlich jeder für sich beantworten.

Schon der deutsche Physiker Werner Heisenberg bemerkte einst dazu: „Der erste Schluck aus dem Becher der Wissenschaft macht atheistisch, aber auf dem Grund des Bechers wartet Gott". Und auch Max Planck, der Begründer der Quantentheorie, erklärte, dass Gott am Ende aller wissenschaftlichen Überlegungen stehe.

Wenn der Urgrund und die Urform alles Seins, Gott, in allem wirkt und also auch in uns, dann dürfen wir vertrauen.

Ein wenig mehr Demut und Dankbarkeit gegenüber der Natur und unserem göttlichen Ursprung aktiviert das Bewusstsein, das uns den Zugang zu unserem wahren Wesen finden lässt.

Wenn unsere Kinder schon im Vorschulalter lernen würden, achtsam zu sein, und als Heranwachsende über die Meditation und das Wissen, wie Leben funktioniert, einen Zugang zu ihrem wahren Wesen fänden, dann würde die Welt eine andere - aus einer veränderten inneren Haltung, einer Bewusstheit heraus.

Doch diese Unterrichtsfächer gibt es noch nicht in den Schulen. Sie sind nicht gewollt, solange die Mehrheit der Menschen noch unbewusst funktioniert und Erziehung durch Unterdrückung vorherrschend ist.

Wir Menschen müssen begreifen, dass wir aus einem stinkenden faulen Fisch keine leckere Speise machen können, ohne uns zu vergiften. Wir müssen unseren Geruchssinn schärfen. Mit Bewusstheit und Achtsamkeit.

Demokratie, Freiheit, Einigkeit, Brüderlichkeit und Gleichheit sind wie eine leckere Soße über einem faulen Gericht. So wie die Weltlage sich darstellt – auch und gerade in

Deutschland – müssen wir vor diese hochgelobten Begriffe das Wort „Schein-" setzen, denn darin befindet sich heiße Luft; man muss nur mit einer Nadel hineinstechen und die Demokratie, die Freiheit oder Gleichheit platzen mit einem lauten Knall.

Inzwischen stinkt die Geschichte schon derart zum Himmel, dass nur noch vollnarkotisierte Junkies das nicht bemerken wollen. Deshalb rückt der Zeitpunkt des Aufwachens auch immer näher.

Wenn wir nicht aufwachen, wird schon in wenigen Jahren die Erde, die dann vielleicht von über 10 Milliarden Menschen bevölkert sein wird, nicht mehr die alte sein. Der Himmel wird schwarz sein von Flugzeugen und anderen Flugkörpern, die Ozeane von Hunderttausenden Kreuzfahrtschiffen bedeckt, die Landschaften vollkommen von Infraschallwellen der Windkraftwerke verpestet. Es wird kein ruhiges Plätzchen mehr geben, kein Summen der Insekten, kein Singen der Vögel wird zu hören sein, Wasser rationiert, der Mensch kontrolliert und ausgebeutet von der Wiege bis zur Bahre. Die winzige Minderheit der Mächtigen und Superreichen wird sich auf vermeintliche Inseln der Glückseligkeit zurückgezogen haben, um von dort aus die Geschicke des Planeten zu lenken. Niemand kann das wirklich wollen, auch nicht eine Minderheit von Superreichen.

Es ist bereits fünf nach zwölf. Zeit zum Aufwachen und neu entscheiden!

EHRE UND EHRLICHKEIT

Die Perversion und Verlogenheit westlicher Regierungen – allen voran Deutschland – wird in der Willkommenskultur von „Flüchtlingen und Migranten" auf eine peinlich berührende Art offenbar, ebenso die grenzenlose Arroganz philanthropischer Entrücktheit, auch bei nicht wenigen Linken mit Helfersyndrom traumatischen Ausmaßes.

Schauen wir doch auf einige Ursachen der Fluchtbewegungen der Opfer des überwiegend westlichen Imperialismus: Energiekriege um Öl und Gas, geostrategische Machtinteressen, aber auch die gnadenlose Ausbeutung und Erpressung durch den internationalen Währungsfonds, die eine Zerstörung der Lebensgrundlage der Bevölkerungen und eine Überschwemmung der abhängigen Märkte in den Entwicklungsländern mit westlichem Ramsch und westlicher Überproduktion nach sich ziehen, sorgen vorsätzlich und skrupellos dafür, dass Migration im bekannten Ausmaß überhaupt stattfindet. Aus dieser Perspektive wird es deutlich, mit welch schamloser Unehrlichkeit die Politik, die Weltbanken und die Konzerne agieren und für wie dumm die Mächtigen die Menschen halten.

Es stinkt nach Lüge. Laut Bundesregierung überstiegen im Jahr 2016 die Rücküberweisungen von Geld durch Migranten in die Ursprungsländer die Entwicklungshilfe für die jeweiligen Länder um ein Vielfaches, was die Verlogenheit der politisch Handelnden gänzlich entlarvt. Dies zu begrüßen und als entwicklungsfördernd sich quasi selbst auf die Fahnen zu schreiben, ist an Zynismus kaum zu überbieten. *(vgl. https://www.welt.de/politik/deutschland/article17850788 2/Geldtransfers-Migranten-ueberweisen-Milliarden-nach-Hause.html)*

Auch dem naiven, Fähnchen schwingenden Gutmenschen, der sich engagiert, geht es manchmal nicht um die Menschen, dafür umso mehr um die Anerkennung seiner Helfertätigkeit. Jeder möge das für sich überprüfen. Als echter traumatisierter Kriegsflüchtling müsste ich kotzen!

Im Wort Ehrlichkeit steckt das Wort Ehre. Wie steht es damit in unserer Gesellschaft? Mal ehrlich?

Ist es nicht interessant, wie leicht es ist, heute, im Jahr 2019, in einer Zeit, in der sich jeder umfassend informieren könnte, den Großteil der Menschen an der Nase herumzuführen und für dumm zu verkaufen? Wohlbemerkt betrifft dies überwiegend Menschen, die ihre eigenen Vorfahren der Untätigkeit und Unwissenheit bezichtigt haben, obwohl unsere Großeltern gar nicht die Möglichkeiten hatten, sich zu informieren, weil sie in einer schrecklichen Diktatur ohne Meinungsfreiheit, ohne TV und Internet lebten, in der schon das Hören eines Feindsenders unter Todesstrafe gestellt wurde.

Das höchste Gut, unsere Freiheit, lässt sich nur verteidigen, wenn wir bewusst wahrnehmen, was ist.

Osho unterschied die Menschen einmal in zwei Kategorien. Er sagte: „Es gibt zwei Klassen: die Kohlköpfe, das sind die Ungebildeten und die Blumenkohlköpfe, das sind die Kohlköpfe mit Universitätsdiplom – aber zwischen ihnen ist kein großer Unterschied. Das Einzige, was einen Unterschied macht, ist: Aufwachen".

Zurück zum Thema Ehrlichkeit. Ehrlichkeit ist unverstellte Offenheit. Mir scheint, dass der Blick auf die Wahrheit, sowohl im Außen wie im Innen, aber ganz besonders im Innen, oft mehr als verstellt ist. Das ist die Folge der Summe unserer Traumatisierungen, Verstrickungen, unserer Irrtümer und Unbewusstheit.

Deshalb sollten nur Menschen Verantwortung für die Gesellschaft übernehmen, die aufgewacht sind, wahrhaftig, ehrlich, offen, mit einem unverstellten Blick, die sich ihrer eigenen Verstrickungen und Traumatisierungen bewusst sind und in der Lage, diese zu reflektieren. Menschen, die in der Lage sind, in der Angst zu stehen und aus Liebe zu handeln anstatt aus Angst.

Und es wird sich so fügen. Die Dreistigkeit und Schamlosigkeit der Propaganda der Eliten-Medien nimmt inzwischen eine Form an, die absurd ist und die Menschen am Ende unterschätzen wird. Je mehr aufwachen, umso mehr werden aufstehen. Wenn eine abhängige Organisation wie die Bertelsmann Stiftung in einer „wissenschaftlichen" Studie über die von Politikern beaufsichtigten Medienorgane wie der ARD mit der „seriösen" Tagesschau verkünden lässt, dass zur Zementierung eines jüngst unterzeichneten Migrationspaktes die nächsten 40 Jahre mindestens 260.000 (billige) Fachkräfte pro Jahr nach Deutschland importiert werden müssen, um die Anforderungen eines prosperierenden Deutschlands mit Vollbeschäftigung befriedigen zu können, dann riecht doch inzwischen der letzte Dschungelcamp-Glotzer den Braten. Dabei geht man von einem Null-Produktivitätszuwachs aus, trotz Technologievorsprung, Roboterisierung und der Errungenschaften der Digitalisierung. Derartige Studien sind an Wagemut nicht zu überbieten. Einmal abgesehen davon, dass ein solches Fachkräftezuwanderungsgesetz völlig ignoriert, dass diese Menschen in ihren Heimatländern fehlen könnten, um dort die Lage zu stabilisieren. Die Chimäre vom Fachkräftemangel wird immer wieder gerne bemüht, um an den Unterdrückungs-mechanismen und der anhaltenden Umverteilung von unten nach oben festhalten zu können und nicht eine entsprechende Bildungsoffensive und den Umbau des Sozialsystems sowie eine gemeinwohlorientierte Verteilung angehen zu müssen. Schließlich wird hier ein innenpolitisches Thema zu einem ausschließlichen Migrationsthema gemacht. Kein einziges wirklich wichtiges Thema wird angepackt im „Weiter so"-Modus. Noch funktionieren die Ablenkungsmanöver von Dieseldebatte, Islamdebatte, Genderdebatte, Antisemitismusdebatte, Rassismus Debatte, CO_2-Debatte usw., weil diese Narkotika in das Traumatisierungsgeflecht der deutschen Bevölkerung passen. Allerdings lässt sich niemand gerne auf Dauer verarschen, und wenn immer mehr, auch prominente Zeitgenossen, sich erheben, dann ist das wie eine Kettenreaktion, die nicht aufzuhalten sein wird. Das zu beobachten, wird sehr spannend und auch wie sich die Fahnen der Angepassten dann wieder ausrichten werden. Aber egal, wenn's der Sache dient.

DIE SEELE UND DIE NATURWISSENSCHAFT

Durch die Naturwissenschaften haben wir inzwischen ein Bewusstsein von der materiellen Welt entwickelt. Allerdings entwickelte sich dieses materielle Bewusstsein auf Kosten des Bewusstseins von der geistigen Welt und der geistigen Kräfte und Wesenheiten unserer Persönlichkeit, die uns beherrschen. Es reicht nicht, die naturwissenschaftlichen Erkenntnisse und Methoden auf den physischen Körper zu beschränken, wenn in unserer Psyche geistige Kräfte wirken, die genauso real sind wie die physischen Kräfte. Wenn einige Psychologen die Seele negieren und sich auf die naturwissenschaftliche Betrachtung der Psyche als Gehirnleistung beschränken, ignorieren sie Informationskanäle und Bewusstseinsfelder wie das morphogenetische Feld, die uns im Kollektiv Unbewussten, wie C.G. Jung es nannte, ebenfalls zur Verfügung stehen. Dies ist das Feld, auf dem sich die Traumatisierungen in allen Facetten tummeln. In dem Maße, in dem wir uns dieser Tatsache öffnen und die unbewusst abgegebenen Anteile unserer Persönlichkeit wieder zu integrieren beginnen, werden wir heil, und jeder Einzelne, der diesen Weg geht, stellt diese Informationen der Gesamtheit aller Individuen zur Verfügung. Dies führt zu innerem Wachstum des Einzelnen und damit der Gesellschaft als Ganzes.

Das mag vielleicht etwas abstrakt klingen, aber so wertvoll die Erkenntnisse seit dem Zeitalter der Aufklärung sein mögen, so sehr haben sie all das untergraben, was im Bewusstsein der Menschen seit über einer Million Jahren bereits vorhanden ist: Die geistige Welt. Die schöpferische Kraft der Gedanken, die Kräfte des Universums und die Dimensionen, die außerhalb unseres heutigen für gewöhnlich verfügbaren menschlichen Wahrnehmungsspektrums liegen, waren in ferner Vergangenheit unbestritten und sehr viel mehr Menschen zugänglich. Heute ist das Ego und der Verstand und damit alles Materielle dominierend, und der Kanal zum Unbewussten meist verschlossen. Herzöffnung und Vertrauen sind die Türen zu diesen unbewussten Schichten der Realität.

Viele geistige Lehrer und hellsichtige Menschen, die die geistigen Dimensionen und Gesetze erforscht und beschrieben haben, liefern die wissenschaftliche Basis für eine Geisteswissenschaft, die es erlaubt, unser Denken, Handeln und Fühlen in einen Bezugsrahmen zu setzen, zu deuten, zu beobachten und zu beherrschen. Das ist die Basis für das Vertrauen, das bedingungslos ist.

Wenn wir akzeptieren, dass unser Körper beseelt ist, d.h. die Seele in der Polarität des Irdischen repräsentiert, erkennen wir das Wunder unserer Existenz und indem wir ihn (den Körper) annehmen, die Ganzheit und die Kraft der Liebe im All-Einen.

Die letzten Zeilen sind zwar mit meinen Fingern getippt, aber nicht durch meinen Verstand erzeugt worden. Es fühlte sich für mich so an, als ob ich lediglich Kanal war für das Geschriebene...

Aber worauf ich hinaus will, ist, dass das Spiel mit der Angst nicht mehr funktionieren wird, wenn wir vertrauen. Wenn wir vertrauen, dass wir vollkommen sind und wenn wir nicht mehr unentwegt angetrieben werden, unser Daseinsrecht im Außen bestätigen lassen zu müssen, verliert die Angst und verlieren diejenigen ihre Macht, die das Spiel mit der Angst so gnadenlos ausreizen, um ihre Interessen durchzusetzen.

Darum müssen wir uns nach Innen wenden und uns klarmachen, dass dies die einzige Alternativlosigkeit ist. Im Außen werden wir die innere Leere niemals überwinden.

Solange wir aber unsere Kinder einer Heidi Klum zum Fraß vorwerfen, die sich für viel Geld bemüßigt fühlt, wertes von unwertem Leben zu trennen (wie es Roger Willemsen einst ausdrückte), solange wir dies tun, nur um ein wenig Glanz, Ruhm abzubekommen, in der Hoffnung, aufzusteigen in die Liga der Schönen und Reichen, solange wir bereitwillig unsere Seele verkaufen, um es zu schaffen, sind wir Getriebene der Angst, nicht wert zu sein. Solange wir junge Söldner in Kriege schicken und Kriege als unvermeidbar deklarieren, um Geschäfte zu machen, sind wir als Gesellschaft Opfer unserer Traumatisierungen.

Jüngste Studien haben zum wiederholten Male gezeigt, dass jedes dritte Kind zugibt, mit Angst in die Schule zu gehen, Angst vor Mobbing, Angst vor Noten und Abwertung. Und man mag von diesen Studien halten, was man will, und wie oben aufgezeigt, sind Zweifel an Studien berechtigt, aber ich kann mich erinnern, dass auch ich oft Angst hatte, in die Schule zu gehen. Muss das sein?

Was tust du aus Angst?

Wenn ich durch die Straßen gehe und in die Gesichter der Menschen blicke, dann sind die meisten gehetzt, abwesend, grimmig, angespannt und jedes Lächeln, das einem begegnet, ist wie ein Geschenk. Stell dir einmal vor, du gehst durch die Stadt und alle Menschen auf der Straße und in den Geschäften, auf dem Markt und an ihrem Arbeitsplatz, lächeln und schauen dir in die Augen, weil sie vertrauen, dass sie richtig sind und du richtig bist. Was für eine schöne Vorstellung. Wir können sie wahr werden lassen!

Die Seele und die Naturwissenschaft – das haben die Heisenbergs, Plancks und Einsteins schon vielfach angedeutet – gehören zusammen; sie verschmelzen in der naturwissenschaftlichen Betrachtung der Geisteswissenschaften.

Der dem Wort Spiritualität zugrundeliegende lateinische Begriff *spiritus* verbindet bereits *Seele* und *Geist* miteinander, und den *Atem*. In der abendländischen Kultur haucht die Seele dem Körper Leben ein. Der Übergang von der Naturwissenschaft des Materiellen zum Spirituellen ist der vom experimentell Immanenten zum Transzendenten. Was ich sagen will: es macht keinen Sinn, die Dinge weiter zu separieren.

Die Jagd nach einem werten Leben, nach Anerkennung, Wertschätzung und Liebe im Außen führt dazu, dass wir immer mehr gesunde Anteile unserer Persönlichkeit abspalten und unsere wahre Identität in der uns umgebenden Realität verlieren. Umso grimmiger jagen wir, hetzen wir durchs Leben, weil wir im Innersten zwar um den Verrat wissen, das Ego uns aber unbewusst glauben macht, kämpfen zu müssen. Die Geisteswissenschaft und der transzendente Blick der Spiritualität helfen uns, unsere

Traumata zu erkennen, bewusst zu heilen und unsere Mitte wiederzufinden. Dann ist die Jagd beendet, Ruhe kehrt ein und zaubert uns ein Lächeln ins Gesicht.

Ja, das möchte ich, unbedingt, da will ich hin, auch wenn's noch knirscht und knarrt und mein Ego sich vor mir aufbaut, ich durchschaue es mehr und mehr; so wie ich das, was in der Welt, in unserem Land passiert, anders wahrnehme, immer mehr durchschaue, so komme ich mir selbst immer mehr auf die Schliche. Achtsam, manchmal ungeduldig, manchmal wütend, manchmal milde, aber stetig.

Vertrauen erwächst aus der Bereitschaft, sich tieferen Schichten des Seins und der Gewissheit zu öffnen, dass in der tiefsten Schicht absolute Ruhe herrscht, Frieden, der schon immer da war und da sein wird und nicht die Folge meines Denkens und Handelns ist. Diese Dimension meines Seins ist unangreifbar und unverwundbar und wird mich auch in der dunkelsten Stunde tragen. Nur in der Meditation, der Konzentration des Gewahrseins im Jetzt bekomme ich eine Ahnung davon; der Rest ist VERTRAUEN.

Unser irdisches Dasein in der Endlichkeit der polaren Welt wird durch den Tod des Körpers abgelöst vom Licht und dem Frieden der Ewigkeit bis wir wieder eintauchen in das Abenteuer der Polarität**. Es ist ein Kommen und Gehen, solange, bis wir alles erfahren und gelöst haben und ewige Geborgenheit in der Vereinigung aller Seelenanteile finden.

**Unter Polarität verstehen wir hier das Grundprinzip unserer materiellen Welt, in die wir hineingeboren werden; sie ist Ausdruck der ursprünglichen Harmonie der materiellen Welt und bezeichnet gleichwertige und sich gegenseitig ergänzende Pole wie oben/unten, weiblich/männlich, links/rechts, positiv/negativ, Raum/Zeit, Einatmen/Ausatmen, vorne/hinten, Sonne/Mond, Nord/Süd usw. (Im Unterschied dazu sprechen wir von Dualität bei sich gegenseitig ausschließenden, nicht gleichwertigen Gegensätzen: Gut/Böse, Hass/Liebe, Hell/Dunkel, Täter/Opfer.)

(vgl.: https://armin-risi.ch/Artikel/Philosophie/Polaritaet-und-Dualitaet-Die-Brisanz-der-ganzheitlichen-Spiritualitaet.php)

Wir haben jetzt einiges über die Transzendenz der Spiritualität, die geistige Welt, die tiefste innere Schicht, unsere Essenz, gehört, aber das Leben im Diesseits will ja auch mit Spaß und Genuss gelebt werden. Ich will Zufriedenheit, Befriedigung, Freude empfinden, lachen, die Sau rauslassen, die pure Lebenslust. Ich will gut essen und trinken, lieben, meinen Körper, Nähe und Zärtlichkeit spüren, Abenteuer und Aufregung, Anspannung und Entspannung, sehen, hören, erleben, schmecken, riechen, das Leben in seiner ganzen Fülle, die es bietet, auskosten.

Um diese Fülle erfahren zu können, muss ich voll da sein, gewahr sein, ohne Bedenken und Angst vor dem Morgen danach. Auch das wird nur im vollen Vertrauen gehen. Nur, wenn ich in Resonanz treten kann zu dem, was sich mir bietet, erfahre ich Einklang mit dem, was ist, und nur dann bin ich in der Lage, aus dem Status des gierigen Konsumenten herauszutreten, der Vergnügungssucht des innerlich Leeren, der auch den wunderbarsten Augenblick durch die Linse des Smartphones entwertet und die Chance verpasst, in Verbindung zu gehen. Wenn ich die Schönheit des Augenblicks erfassen möchte, gelingt das nur, wenn ich frei bin.

Frei werde ich nur, wenn ich mich befreie von all den Zwängen des gesellschaftlichen Lebens, indem ich den gesellschaftlichen Druck und meinen eigenen inneren Druckmacher loslasse. Solange ich das Gefühl habe, dass permanent etwas von mir erwartet wird und ich etwas leisten muss, funktionieren muss, bin ich unfrei.

„Das ist halt so, du kannst dich schließlich nicht einfach da rausnehmen, jeder muss seinen Beitrag leisten, es kann doch nicht jeder einfach machen, was er will. Wo kämen wir denn da hin? Chaos, Anarchie, Sodom und Gomorrha, Mord und Totschlag!" „Was glaubst du denn, wer du bist?"

Oh ja, mein innerer Antreiber wirft mir das auch immer vor die Füße und viele Leute reden so.

Und wenn Krieg ist und alle gehen hin, muss ich dann auch mitmachen, weil der Verteidigungsfall eingetreten ist? Stehen das Gesetz und die Verfassung über dem Menschen? Wessen Interesse vertritt der Staat, wenn er die Menschen kontrolliert, ausbeutet, unterdrückt oder in den Krieg schickt?

Ich muss gar nichts, ich bin.

Bin ich auch bereit, meinen Weg weiterzugehen, wenn ich das Materielle verliere, wenn mir die Rente gestrichen wird, der Arbeitsmarkt verwehrt bleibt, ich ausgegrenzt, zum Außenseiter werde oder breche ich an einem bestimmten Punkt ein und tue alles, um wieder aufgenommen zu werden, dazuzugehören? Wie hoch muss der Preis sein, damit ich meine Seele verkaufe?

Die Welt ist so wie sie ist, die Gesellschaft ist so wie sie jetzt ist; sie zu verurteilen, bringt mich nicht weiter. - Mir wird schwindelig. In welcher Beziehung schwindle ich, wo belüge ich mich selbst?

In meinem tiefsten Inneren fehlt mir wohl noch die Überzeugung, dass ich meinen Weg gehen kann, dass ich es schaffen kann, dass das, was ich sein möchte, mir gelingen könnte. Und das wird mir gnadenlos gespiegelt. Da ist noch dieses Arschloch in mir, das meint, funktionieren zu müssen, seinen Pflichten nachkommen zu müssen, dieses schlechte Gewissen – Fuck!

Oh Mann, es macht eben keinen Sinn, sich etwas vorzumachen: wie spirituell man doch schon unterwegs ist und wie positiv und entrückt. Wenn du dich Scheiße fühlst, dann ist es wichtig, auch das wahrzunehmen. Nicht aus einem Problem eine Herausforderung machen, wie uns die Motivationsexperten weismachen wollen. Ein Problem ist ein Problem, und es will wahrgenommen werden. Der Weg führt nicht drum herum, sondern mitten durch. Ich kann mir nur dann auf die Schliche kommen, wenn ich ein negatives Gefühl annehme, fühle. Die negative Emotion ist das psychische Signal eines unwahren Gedankens, das immer auch als körperliche Empfindung wahrnehmbar ist. Dem unwahren Gedanken kann ich nur auf die Schliche kommen, wenn ich mitten in der Emotion stehe, anstatt sie zu vermeiden. Es gilt, den unwahren Gedanken zu korrigieren. Hinter dem unwahren Gedanken steckt eine geistige Wesenheit, die einen Schattenaspekt repräsentiert. Diesem Schattenaspekt liegt eine Traumatisierung zugrunde.

Ich habe wohl einst einen Eid abgelegt, der mir verbietet, dass mein Leben gelingen könnte. Wenn ich mir das klar mache, dann verhindert dies, dass ich mich für das, was mir nicht gelingt, verurteile, weil ich erkenne, dass dahinter ein Trauma steckt und ich jetzt weiß, dass es meine Aufgabe ist, dieses Trauma zu lösen. Das Leben führt uns daher immer wieder in Situationen, die uns ermöglichen, unsere Lektionen zu lernen und Verstrickungen zu lösen, bis wir frei werden.

Deshalb können wir dem Leben vertrauen. Es irrt sich nicht. Wenn wir uns das bewusst machen, wenn der Zweifel am größten ist, dann ermächtigen wir uns, durch den Zweifel hindurch zu gehen und in die Antworten hinein zu leben.

Wenn ich aus Angst und dem Zweifel heraus handle, um diese zu unterdrücken, bin ich wieder im Verdrängungsmodus und im Modus von Kontrolle und Misstrauen. Kontrolle und Misstrauen sind die Angst- und Zweifel-Vermeidungsstrategien.

Also es zeichnet sich ab, dass das Leben die lebenslange Aufgabe mit sich bringt, Lektionen zu lernen. Gleichzeitig müssen wir alles, was man uns weismachen will, egal, ob durch die Politiker, die Lehrer, die Religionen oder die eigenen Eltern, zwingend in Frage stellen und überprüfen, wenn wir uns weiterentwickeln und unsere Wahrheit finden wollen. Nichts bleibt stehen, alles ist im Fluss. Wenn ich mich geirrt habe, dann muss ich eine neue Entscheidung treffen und meinen Weg korrigieren, der Stimme meines Herzens folgend und nicht der zweifelhaften Moral einer Gesellschaft am Abgrund.

Wenn wir etwas so machen einzig aus dem Grund, weil wir es immer so gemacht haben oder weil ein Gesetz es vorschreibt oder eine Political Correctness es gebietet, dann ist das der Beweis für Verantwortungslosigkeit und nicht für Vertrauen.

Wir müssen alles auf den Kopf stellen und die Perspektive ändern. Erst wenn du von Herzen Ja sagen kannst, bist du auf dem richtigen Pfad.

SYMBOLE DES MISSTRAUENS

Vertrauen ist rein, bedingungslos und beruht auf einem Ja aus tiefstem Herzen. Misstrauen gründet auf einem Ego, das spaltet, verurteilt und die „richtige" Gesinnung einfordert, Bedingungen stellt und dir vorschreiben will, wer und wie du zu sein hast. Misstrauen wird geboren aus der Angst, verletzt zu werden, aus dem Mangel an Liebe.

Wir sind umgeben von Misstrauen, das alles lähmt und erstarren lässt, den Status quo konserviert und ein Weiter so unter dem Deckmantel der Scheinheiligkeit propagiert.

Jeder will, dass sein Leben gelingt, ein erfülltes Leben. Aber wann gelingt ein Leben? Ob ein Leben gelingt, liegt letztendlich an unserer Wahrnehmung und den damit verbundenen Gefühlen und Empfindungen, die wir empfangen, also der inneren Haltung gegenüber dem, was uns im Leben begegnet. Ein Leben, das von außen als gelungen wahrgenommen wird, weil bestimmte Meilensteine erreicht worden sind, die gemeinhin als erstrebenswert angesehen werden, kann sich von innen leer und trostlos anfühlen. Viele Stars, die von allen beneidet und bewundert wurden, sind entweder freiwillig aus dem Leben geschieden oder haben sich in Drogen, in Sucht- und Schmerzmittel geflüchtet, weil sie ihre innere Leere nicht ausgehalten haben und es nicht ertragen konnten, dass sie, trotz des maximalen Erfolgs im Außen, keine Ruhe, keinen Frieden fanden, im Gegenteil, der Druck immer größer wurde und die Leere immer leerer. Innere Leere bedeutet, dass ich aus mir selbst heraus nicht sein kann, dass ich mir selbst nicht genüge, also suche ich im Außen nach der Liebe, die ich mir selbst nicht geben kann.

Die Fülle im Außen wiederum ist sinnlos, wenn ich sie nicht fühlen kann. Ich kann nur das fühlen, was auch in mir bereits vorhanden ist. Ich erkenne die Schönheit im Außen, wenn die Schönheit in mir ist. Ich erkenne die Vollkommenheit im anderen, wenn ich weiß, dass ich vollkommen bin. Was mir im Inneren fehlt, kann ich im Außen nicht finden. Ich kann es eine Zeitlang vernebeln, kann mich betäuben, ablenken, aber wenn ich die Fülle im Außen fühlen will, dann darf ich mich um meine ureigenen Themen kümmern und für alle Verletzungen, die ich erfahren habe, mein Herz öffnen und Frieden machen.

Misstrauen ist das Symbol einer maximal traumatisierten Gesellschaft, einer Ego-Gesellschaft, die alles dem Markt, der Leistung, dem Konkurrenz- und Ellbogendenken unterordnet. Dies muss über kurz oder lang in eine unfreie Gesellschaft führen, denn Misstrauen erzeugt Kontrollwahn, Überregulierung, Über-Bürokratisierung, Oligopolbildung oder Monopolbildung, Abschottung und Krieg um Ressourcen. Wir erleben eine Globalisierung des Kapitals bei gleichzeitiger Ausbeutung der Menschen. Nur noch massive Propaganda seitens des Kapitals kann in einer Zeit der Zuspitzung der Folgen des Misstrauens diese Mechanismen überdecken. Die Versprechen von Wohlstand für alle, Vollbeschäftigung, Umweltbewusstsein usw. durch Endlos-

Wachstum sind nicht haltbar. Denn wie wir uns erinnern, sind Versprechen immer Lügen. „Ich verspreche hoch und heilig, nie wieder zu lügen", ist bereits die erste Lüge.

Und dennoch bin ich davon überzeugt, dass jeder Beteiligte, egal woran beteiligt, immer glaubt, das Richtige zu tun. Sie oder er ist sich lediglich ihrer/seiner eigenen Traumatisierungen nicht bewusst und damit fremdgesteuert und eingeschläfert durch ein übermächtiges Ego. - Aufwachen!

DU BIST BEREITS AM ZIEL

LASS JEDEN TAG EINEN TEIL VON DEM WEG,

WAS NICHT ZU DIR GEHÖRT.

WERDE ZUM ZEUGEN UND BEOBACHTER

DEINER ERFAHRUNGEN.

NÄHERE DICH SO DEINER ESSENZ,

DER BEDINGUNGSLOSEN LIEBE.

ERKENNE DIE SCHÖNHEIT IN ALLEM, WAS IST.

DAS IST DER SINN DES LEBENS

LOOB

DER WERT UND DER MEHRWERT DES MENSCHEN

P er definitionem ist der Mehrwert „der durch Arbeit an einem Produkt geschaffene Wert minus dem Wert des Ursprungsprodukts". Im Kapitalismus wird der Mensch als Konsument und Produktionskapital ganz selbstverständlich zum Objekt des Mehrwertgedankens. So dient auch der Lehrer, Künstler, Freiberufler, Arzt und Journalist in der Wachstumsökonomie dem Kapital und verelendet oder verliert seinen Job, wenn er keinen Mehrwert für das Kapital erzielt. Der Mehrwert kann dabei ideologisch supportiver, disziplinierender oder materieller Natur in Form eines geleisteten Zinseszinses sein. Solange der Mensch sich anpasst und funktioniert und sich innerhalb des vorgegebenen Meinungsspektrums der Eliten bewegt bzw. diese unterstützt, ist er der brave Bürger. Angepasst, gut, betroffen und barmherzig und vor allem politisch korrekt. Er trägt zum allgemeinen Wohlstand, besonders dem der Eliten, bei und darf sich etwas leisten, immer abhängig von seinem Mehrwert bzw. seinem Anteil am Kapital.

Dabei wird der Dienst am Menschen deutlich überproportional niedriger bewertet als der Dienst am Kapital. Besonders dann, wenn der Dienst am Menschen nicht den ideologischen Unterbau des Systems zementiert - wie es beispielsweise dem Beamtentum zugedacht ist - oder wenn er nicht den Mehrwertinteressen besonders lobbyierter Interessengruppen wie der Pharmaindustrie zuträglich ist, wird das deutlich. So ist der Hospizdienst zumeist ehrenamtlicher Natur, Kranken- und Altenpflege am unteren Ende der Gehaltspyramide, aber auch alle mittelfristig durch Import von Arbeitskräften substituierbaren Fachkräfte werden in die monetäre Abwärtsspirale gezogen werden, um dem Wachstumsdiktat des marktradikalen Neoliberalismus Rechnung zu tragen.

Somit dient der Mehrwert des Einzelnen eher zufällig dem Gemeinwohl und in der Regel dem Kapital, das bekanntlich scheu ist wie ein Reh und sich samt Mehrwert gerne auf karibische Inseln flüchtet.

Wo bleiben da der Wert des Menschen und die Würde des Menschen, die doch unabhängig von Herkunft, Glaube, Geschlecht usw. gleich sein sollten? Was heißt Wert? Was ist der Mensch wert? Ist er so viel wert, wie er verdient?

Wir kennen die Antwort.

Es wird langsam deutlich, dass wir letztlich noch alles dem Mehrwert unterordnen. Wenn dann noch etwas übrig sein sollte, können wir über Charity und Entwicklungshilfe, über Spenden, die Kindernothilfe und Brot für die Welt sprechen. Die sollen ja auch nicht vergessen werden. Man soll ja schließlich Gutes tun, bevor man im Privatjet in die Karibik startet.

Und ich höre schon das neoliberalistische Narrativ: „Aber das kann man doch so nicht sagen, wir leben schließlich in einer Demokratie, einer gerechten Leistungsgesellschaft, einem Rechtsstaat und alles hat doch wohl seine Ordnung"!

Ich glaube, es ist an der Zeit, die Augen und vor allem die Herzen zu öffnen und etwas genauer hinzuschauen und einmal zu spüren, ob all das stimmig ist. Jeder für sich darf sich da mal hineinfühlen. An früherer Stelle in diesem Buch habe ich erwähnt, dass es auf die innere Haltung ankommt. Wie schaue ich auf mich selbst, die anderen und die Welt. Wo bin ich noch im Unfrieden mit mir und mit anderen?

Und wenn wir dann Frieden gemacht haben und wenn wir erkannt haben, dass wir so, wie wir sind, richtig sind, dass wir es wert sind, bedingungslos geliebt zu werden: Wie ist das dann vereinbar mit der Welt, in der wir leben?

Wollen wir uns weiterhin dem Diktat der Alternativlosigkeit, propagiert von einigen wenigen, die sich als Elite verstehen, beugen oder wollen wir uns aufrichten und anerkennen, dass Menschenrechte nicht verhandelbar sind, dass die Würde und der Wert des Menschen nicht verhandelbar sind, dass die Erde, die Natur und alles Leben nicht verhandelbar sind?

„Es gibt keine großen Entdeckungen und Fortschritte, solange es noch ein unglückliches Kind auf Erden gibt." Albert Einstein war offensichtlich nicht der Meinung, dass man den technischen Fortschritt isoliert vom Gemeinwohl betrachten könne.

Das Argument, Leistung müsse sich lohnen, zur Rechtfertigung von Ausbeutung und Verelendung im großen Maßstab, appelliert an niedere Instinkte und das Ego, das uns Angst, Mangel und Minderwertigkeit einredet. Wo wir mit unserer Leistungsgesellschaft inzwischen angekommen sind, zeigt eine Nachricht, die ich kürzlich im Radio gehört habe. Dort hieß es: „Weil eine Familie ihre Hundesteuer nicht bezahlte und man den Rollstuhl des querschnittsgelähmten Ehemanns nicht pfänden konnte, nahmen Mitarbeiter der Stadt Ahlen stattdessen den - auch noch kranken - Hund, einen Mops, und verkauften ihn auf eBay unter Wert." Ich wollte das erst gar nicht glauben, hielt es für einen schlechten Scherz, aber die Nachricht war wahr! So bleiben häufig das Mitgefühl und die Solidarität im Gemeinwesen auf der Strecke.

Wenn sich das Ego auflöst, löst sich auch die Angst, der Mangel und die Minderwertigkeit auf, und Respekt, Mitgefühl und Gemeinwohl werden zur Selbstverständlichkeit, weil diese Werte in jedem von uns bereits eingebaut sind, wir müssen die anderen, vom Ego produzierten, nur weglassen.

„ES GÄBE GENUG GELD, GENUG ARBEIT, GENUG ZU ESSEN, WENN WIR DIE REICHTÜMER DER WELT RICHTIG VERTEILEN WÜRDEN, STATT UNS ZU SKLAVEN STARRER WIRTSCHAFTSDOKTRINEN UND -TRADITIONEN ZU MACHEN."

(Albert Einstein)

DIE UTOPIE EINER WELT DES BEDINGUNGSLOSEN VER-
TRAUENS

Zu fast allen Zeiten gab es Menschen, die andere Menschen ausgebeutet haben. Sie gingen dabei grausam, erbarmungslos, niederträchtig und gewissenlos vor. Meist holten sich die Ausbeuter ihre Absolution bei der Kirche oder begründeten ihr Gebaren mit dem Recht durch Standesdünkel, d.h. dem Hochmut eines Standes gegenüber dem anderen, den er als niedriger, unwerter erachtete. Sie erhoben sich selbstverständlich über vermeintlich unwertes Leben, minderwertige Rassen, rechtlose Menschen wie Frauen, Kinder, Knechte und Dienstmägde, Sklaven oder Andersgläubige. Rassismus gehörte quasi zum guten Ton und rechtfertigte, erforderte geradezu Ausbeutung und kompromisslose Grausamkeit.

142

Man könne nichts dafür, es sei nun mal so: Herrenmenschen und Untermenschen.

Heute sind die Eliten und das Kapital die Herrenrasse. Hinter ihren Fonds, Beteiligungen, Netzwerken und Verbindungen, Councils, Stiftungen und Round Tables und globalen Verflechtungen bleiben sie heute eher diffus im Hintergrund. Der Ausbeuter ist unsichtbar, beutet mit größerem Abstand aus, aber es hat sich im Grunde nichts geändert.

Und gleichzeitig gab es zu allen Zeiten immer auch anständige Menschen, die ein offenes Herz hatten und in jedem Lebewesen sich selbst erkannten, die erkannten, dass wir alle miteinander verbunden sind, verantwortlich sind und dass unsere Taten unser Karma beeinflussen und nichts ohne Folgen bleibt. Wer andere ausbeutet, lebt im Glauben, dass wir getrennt sind, hat ein verschlossenes Herz und handelt aus Angst und Misstrauen.

Die heimtückische Art der Ausbeutung unserer Zeit versteckt sich hinter religiösen Diktaturen oder einer neoliberalen repräsentativen Scheindemokratie, die über Parlamente, Organisationen, Kommissionen, Vereinigungen für

Frieden, Abrüstung, Handel, Gesundheit, Ernährung, Energie und das Geldsystem mit der Weltbank und dem internationalen Währungsfonds den Anschein erweckt, für eine bessere Welt zu kämpfen. Das Problem dabei sind nicht die äußeren Strukturen an sich, sondern die Besetzung der Positionen innerhalb der Organisationen. Noch sitzen da die Vertreter des Kapitals direkt oder sie werden von den Lobbyisten des Kapitals und der Geheimdienste gesteuert. Allein das Pentagon beschäftigt für derartige Zwecke inzwischen ca. 27.000 PR-Leute. Im Bundestag gehen mehr Lobbyisten als Abgeordnete ein und aus und im Finanzministerium sitzen Vertreter der Banken und schreiben ihre eigenen Gesetze.

Das wahre Problem sind nicht die Organisationen und Strukturen, sondern die Gesinnung und innere Haltung ihrer Vertreter. Statt zu kooperieren, führen die Nationen in all diesen internationalen Gremien Handelskriege, Kriege um Ressourcen und Pipelines und reiben sich in geostrategischen Auseinandersetzungen auf. Dabei kümmern sich Tausende von Beamten z.B. in Brüssel um Dinge, die sehr viel besser lokal behandelt werden könnten und es entstehen Reibungsverluste durch fehlgeleitete Subventionen, Überproduktion, unsinnige Richtlinien und Vorschriften, Korruption und Erpressung.

Jeder weiß um den Irrsinn. Wenn aufgewachte Menschen die Führung übernehmen, dann wird all das zurückgebaut werden, was lediglich sich selbst verwaltet. Die bisher damit Beschäftigten bekommen eine Grundversorgung und die Chance, etwas Sinnvolles mit ihrem Leben anzufangen.

Solange die Leitideen internationaler Vereinigungen wie der OSZE, der Weltbank, des IWF, der Nato oder der UN Makulatur bleiben und größtenteils der Durchsetzung der strategischen Ziele des Großkapitals dienen, solange Freihandelsverträge vorwiegend der Bereicherung internationaler Konzerne Vorschub leisten und die Menschen lediglich als Produktionsfaktor gesehen und nicht beteiligt werden am Erfolg ihrer Arbeit, wird sich die Lage weiter zuspitzen.

Diese Welt der Niedertracht und der abgrundtiefen Gier nach Macht, Einfluss und Geltung bedarf zur eigenen Erhaltung der Aufrechterhaltung des Selbstbetrugs durch das Ego. Dieser vom Ego gesteuerte Selbstbetrug ermächtigt, gerade auch in den sogenannten entwickelten Gesellschaften, deren gebildetere Schichten, die Geschicke vor Ort im Sinne der geheimen Eliten nachhaltig zu lenken und sich dabei noch wohl zu fühlen bzw. im Recht oder im Dienste der Guten und der Weltverbesserer.

Dieser raffinierte Selbstbetrug kann, wie gesagt, nur über ein Ego aufrechterhalten werden, das den Verstand befriedigt und dafür sorgt, dass die Herzen verschlossen bleiben und gleichzeitig Ängste und Misstrauen geschürt werden.

Der aufgewachte Mensch, der beginnt, diese Mechanismen zu durchschauen, gerät in ein Spannungsfeld zwischen eben dieser Welt des Selbstbetrugs durch das Ego, der gemachten Wahrheiten und der Welt der tieferen Wahrheit des Herzens, der Wahrhaftigkeit und des tiefen Vertrauens in die höchste Weisheit der allumfassenden Liebe.

Er muss fortan auch mit dem Spannungsfeld einer ernüchternden gesellschaftlichen Realität und der Utopie einer möglichen Welt ohne Ausbeutung klarkommen. Er muss sich im Zweifelsfall beschimpfen lassen von den durch die Gesellschaft ermächtigten Würdenträgern, mit Ausgrenzung und Diffamierung rechnen und dabei im Vertrauen bleiben. Das ist anspruchsvoll und bedarf einer inneren Kraft, die nur durch Achtsamkeit und Kontemplation, Bewusstheit und Selbstliebe zu halten möglich ist. Von nun an existieren zwei Parallelwelten: Die Utopie und die zurzeit noch manifestierte Realität. Der Übergang zwischen beiden wird fließend sein, wenn immer mehr Menschen aufwachen. Es wird sein wie die Ruhe nach einem Sturm über dem Meer. Alles wird noch da sein und doch wird alles anders sein, von einem anderen Geist. Es gilt, in diesem Sturm stehen zu bleiben, ihn anzunehmen, nicht dagegen zu kämpfen, nicht mit Gewalt, sondern seine Kraft einzufangen und zu transformieren in etwas Größeres.

MEIN WEG IM ZEICHEN DER AUSBEUTUNG

ch ziehe jederzeit den inneren Reichtum dem äußeren Reichtum vor, so wie ich die Armut dem Herzverrat vorziehe; auch wenn mein Umfeld das nicht immer verstehen kann, nachdem wir es doch anders gelernt haben. In der Schule und von den Eltern, von den Priestern und Politikern hat man doch unentwegt versucht, uns einzubläuen, dass man sich anpassen muss, seine Pflicht zu tun hat. Wenn alle „Ja" sagen, dann geht das „Nein"-Sagen nicht ohne Vertrauen. Die junge 17-jährige spirituelle Bloggerin Christina von Dreien sagte den in seiner Tiefe ebenso wahren wie weisen Satz:

„WIR SIND NICHT AUF DIE WELT GEKOMMEN, UM UNS
ANZUPASSEN."

Unbewusstheit ist die Betäubung der Angepassten und Pflichtbewusstsein kennzeichnet die Verantwortungslosigkeit der Erfüllungsgehilfen. Der pflichtbewusste unbewusste Bürger wirft dem bewussten Quertreiber gerne Faulheit, Nutzlosigkeit oder Verschwörung vor, weil er nicht aushalten kann, was seine eigene Unterwerfung entlarvt. Das mag ungewohnt klingen für einige Ohren, aber es lohnt sich, darüber nachzufühlen, wohlgemerkt mit dem Herzen.

Die Prüfungen und Lektionen, mit denen wir in dieser Zeit konfrontiert werden, verdichten sich. Die Schlagzahl wird erhöht, die Reibung des Außen mit dem Innen verstärkt sich, wobei eine zunehmende Anzahl derer, die ihr Herz verschlossen halten und die höheren Schwingungen der machtvoll raumgreifenden Liebesenergie nicht aushalten können, sich verabschieden, aus dem Leben scheiden. Die Liebe drängt nach vorne. Wir müssen lediglich in dieser Energie stehen bleiben, vertrauen, die Herzen öffnen, bejahend annehmen und eben nicht proaktiv vorauseilend kontrollierend in hektischen Aktionismus verfallen. Die das tun, werden scheitern, werden vergehen und es wird sich fügen, was die Energie der Zeit halten kann, was in der

Liebe ist, im Vertrauen in das Leben. Dieser Prozess wird noch weitere Opfer fordern, denn die Hartherzigen kämpfen verzweifelt ums Überleben.

Ich kann die Wahrheit darin körperlich spüren, wenn ich es zulasse. Und ich weiß, dass ich geprüft werde und weiter geprüft werden werde, aber mein Atem wird ruhiger und tiefer wie mein Vertrauen darin, der sein zu dürfen, der ich wirklich bin.

Ich möchte an dieser Stelle zurückkommen auf das Thema Ausbeutung. Es gibt viele Ebenen, auf denen Ausbeutung geschieht: Die ganz private Ausbeutung meiner eigenen Person, in der Familie, in der Ursprungsfamilie, in der Erziehung, Schule, Ausbildung, im Beruf, in der Gesellschaft, dem gesellschaftlichen Leben, auf nationaler, internationaler Ebene, in den Entwicklungsländern und weltweit. Wir werden materiell, emotional, religiös und sexuell ausgebeutet. Wir erleben die Ausbeutung von Kindern, Minderheiten, Behinderten, Kranken, Alten, Kapital- und Besitzlosen. Wir erleben die Ausbeutung der Natur, der Wälder, der Böden, der Tiere, des Meeres. Nichts wird ausgelassen.

Doch jede Form der Ausbeutung beginnt bei mir selbst, immer!

Was bedeutet Ausbeutung? Ausbeutung kann nur dann geschehen, wenn eine Beziehung zu sich selbst oder unter verschiedenen Menschen oder Menschengruppen durch Unfreiheit und Unterdrückung gekennzeichnet ist. Ausbeutung gegenüber der Natur und anderen Lebewesen setzt Respektlosigkeit und Ignoranz voraus. In jedem Fall ist Ausbeutung ein Akt der Unbewusstheit darüber, dass alles miteinander verbunden ist.

Wenn ich mir selbst misstraue, beginne ich damit, mich zu verurteilen, mir selbst nicht zu genügen, so dass ich gezwungen bin, Anteile von mir zu unterdrücken: Ich darf keine Schwäche zeigen, nicht hemmungslos lieben, aus Angst vor Verletzung. D.h. ich fange in dem Moment an, mich selbst auszubeuten, indem ich mir unentwegt einrede, mehr machen, kämpfen zu müssen, funktionieren, mich anpassen, etwas leisten zu müssen. So unterdrücke ich meine freie Entfaltung und respektiere mich nicht als den, der ich bin, werde also abhängig von der Aufmerksamkeit und Wertschätzung durch andere, weil da eine

Instanz sich breit macht – mein Ego – das mein Selbst unterdrückt. Diese Form der Unterdrückung führt zwangsläufig in die Verurteilung anderer und birgt die Gefahr, andere respektlos zu behandeln bzw. ebenfalls zu unterdrücken, solange ich meine eigenen Themen nicht kläre und mir die dahinterliegenden Mechanismen bewusst mache, mir auf die Schliche komme, was dem Prozess des Aufwachens entspricht.

Wenn ich meine Themen kläre und es mir gelingt, meine unterdrückten Anteile wieder einzusammeln, hole ich mir meine Selbstachtung, den Selbst-Respekt zurück, und auch die Selbstliebe. Dadurch ermögliche ich mir, im selben Maße die Mitmenschen und Mitgeschöpfe zu respektieren. Eine Haltung der Unterdrückung und Ausbeutung ist gar nicht mehr möglich.

Vertrauen in das Leben und dass alles so, wie es ist, angenommen werden muss, weil ein Nein zu dem, was schon ist, keinen Sinn macht. Vertrauen, dass ich so, wie ich bin, richtig bin, ist die Basis dafür, Unterdrückung - und damit Ausbeutung - zu beenden. Dieses Vertrauen wächst mit dem Bewusstsein und hilft mir, meinen Weg – auch gegen Widerstände im Außen – weiterzugehen.

Und das Leben gibt mir immer wieder Zeichen, auch wenn scheinbar nichts so richtig zusammenläuft. Wenn ich beginne zu hadern und trotzdem der Stimme des Herzens im Vertrauen weiter folge, erfahre ich, dass für mich gesorgt ist, indem sich eine Tür öffnet. Manchmal ist es nur ein Spalt und manchmal öffnet sie sich weiter, dann gehe ich hindurch.

Natürlich geht es darum, zu erkennen, was gegen die Liebe ist, es zu benennen und sich neu zu entscheiden, aber dabei sein Urteil bewusst zu treffen, d.h. seinen Anteil am eigenen Urteil zu erkennen.

PARALLELWELTEN

Auf meiner Fahrt gestern, dem 13.03.2019 im Auto von Düsseldorf nach Bochum, wurde ich Zeuge eines Interviews mit dem Bundesgesundheitsminister Jens Spahn auf WDR2. In dem kurzen Gespräch, das ich mitverfolgen konnte, wurden die Parallelwelten, in denen wir uns inzwischen bewegen, auf für mich irritierende Weise besonders offenbar. Spahn machte auf den ersten Blick bzw. Ton einen sympathischen, offenen und ehrlichen Eindruck. Ein jovial entspannt daherkommender Minister, der ehrgeizig, fleißig und im Dienste der Menschen in diesem Lande sein Bestes gibt, der mit Untergebenen wie vermeintlichen politischen Gegnern wie Herrn Bartsch von den Linken oder Herrn Lindner von der FDP aufs wärmste verbunden ist. Nach einigen Minuten war ich überzeugt, dass dieser Mann ernsthaft glaubt, was er sagt, z.B. dass er das Beste für die Versicherten möchte, ja, er möchte wirklich, dass alles besser wird und er arbeitet demütig und unermüdlich im Dienste der Millionen Versicherten und ganz besonders der Pflegekräfte und all derer, die sich täglich aufreiben für die Gesundheit der Menschheit.

Mir wurde klar, dass dieser Mann sich keine Sekunde während seines beruflichen Wirkens und Schaffens tatsächlich bewusst ist, wovon er spricht, so überzeugend wirkt er in seiner Unbewusstheit. Er glaubt an die Alternativlosigkeit des Gesundheitssystems und an das aufrichtige Bemühen einer Pharmaindustrie im Sinne der Menschen. Dadurch wird völlig klar, warum eine Kommunikation zwischen aufgewachten, bewussten Menschen und unbewussten Menschen nicht möglich ist. Sie leben in Parallelwelten und wir haben bereits in der Schule gelernt, dass es zwischen Parallelen keine Schnittpunkte geben kann. Das erklärt auch, warum mit den aktuell in Amt und Würden befindlichen Politikern überhaupt kein Staat zu machen ist, bis der eine oder andere von ihnen aufwacht. Das ist die große Hoffnung.

Der zentrale Konflikt unserer Zeit ist nicht nur – wie der amerikanische Großinvestor Warren Buffet im Jahre 2006 einmal gesagt hat – der Krieg zwischen *Arm* und *Reich*, es ist vielmehr der Konflikt zwischen *Bewusst* und *Unbewusst*.

Es gibt andere Beispiele für diese überall im Alltag existierenden Parallelwelten, wie beispielsweise, wenn deutsche Urlauber ihre Billig-Urlaube in 5-Sterne-Ressorts in einer repressiven Autokratie mit dem Argument rechtfertigen, dass man die Menschen in diesen Ländern auch nicht vergessen darf, die ja schließlich vom Tourismus leben. Diese Billig-Urlauber glauben tatsächlich an das Argument ihrer Rechtfertigung für den Billig-Luxus-Urlaub und ihre aufrichtige Suche nach derartigen win-win-Gelegenheiten. Ebenso könnte man den Verzehr von Fleisch aus der Massentierhaltung mit dem Existenzrecht solchermaßen gequälter Kreaturen rechtfertigen, die ja ansonsten gar nicht erst auf die Welt gekommen wären.

Auch der Umgang der Kirche mit jahrelangem sexuellen Missbrauch von schutzbefohlenen Kindern, mit Kinderpornografie, mit unzähligen Vergewaltigungen von Nonnen, die anschließend zu Abtreibungen gezwungen wurden - wohlbemerkt aktuelle Vorgänge durch Priester, Bischöfe bis hoch zu den Kardinälen - ist ein weiterer Beleg für Unbewusstheit. Auch mit den Vertretern der Kirche ist nicht zu reden, ganz einfach aus dem Grunde, dass diese gar nicht auf die Idee kommen, dass sie gemeint sein könnten. Und obwohl diese außerordentlich bedenklichen Vorgänge in der Kirche, bis in den Vatikan hinein, schon immer bekannt waren, hat man auch immer versucht, sie zu vertuschen, unter den Teppich zu kehren, zu verleugnen und wohl als Kollateralschaden einer an sich sauberen Kirche zu verbuchen. Nur auf massiven Druck der Geschädigten wird die Kirche in dieser hochnotpeinlichen Angelegenheit überhaupt aktiv. Dass auch hier Unterdrückung und Ausbeutung im Spiel sein könnten, will man nicht wahrhaben, und man will das Problem auch nicht ernsthaft angehen, solange der Laden ansonsten wie geschmiert läuft, d.h. der Rubel rollt.

Diese Skandale sind die logische Folge der „infantilen Sexbesessenheit der Kirche, die sich schon immer durch ihre unreife und Jesus feindliche Sexualmoral hervorgetan hat, während sich die heutigen Christen längst von der Bevormundung durch den Klerus befreit hat", wie Franz Alt in seinem Buch ,Was Jesus wirklich gesagt hat' treffend erklärt: „Gott gab es vor der Kirche und er scheint sie zu überleben". Alt bezieht sich dabei auf ein Jesus-Bild basierend auf einer Rückübersetzung der Bibel aus dem Griechischen ins Aramäische durch den Theologen Günther Schwarz.

Die körperliche Liebe wird dort als ein „Akt der Schöpfung" gewürdigt, „die nicht nur zwei Menschen, sondern auch Himmel und Erde vereinigt". Das zölibatäre Leben in der katholischen Kirche, die Verurteilung und Unterdrückung des Weiblichen in den die heiligen Schriften verzerrenden Religionen führte ins Patriarchat und in eine Welt mit all dem Leid, dem wir bis heute begegnen. Alt spricht vom „männlichen Elend bestehend aus Konkurrenz, Kommerz und Karriere. Ein Leben, kaum auszuhalten, wenn es nur noch Konkurrenten und kaum noch Vertraute gibt".

Ohne Gleichgewicht von männlich und weiblich, ohne Vertrauen und Mitgefühl ist das Leben trostlos und kalt.

Die in unserer Gesellschaft übliche Fehlinterpretation von Vertrauen als versteckte Kontrolle bezeichnet die nach wie vor vorhandene Unterdrückung des Weiblichen in einer lieblosen Gesellschaft. Alles strebt nach Balance, das ist ein Schöpfungsgesetz und so drängt in einer männlich dominierten Welt das Weibliche mit Macht in unsere Herzen in Form einer größer werdenden Sehnsucht nach Gemeinschaft, Liebe, Gemeinwohl und einer friedlicheren Welt.

DU SOLLST DICH NICHT VOR DER GESCHLECHTLICHKEIT FÜRCHTEN!
DU SOLLST ABER AUCH NICHT DARAUF BRENNEN!
SOOFT DU DICH VOR IHR FÜRCHTEN WIRST, WIRD SIE DICH BEHERRSCHEN;
SOOFT DU ABER DARAUF BRENNEN WIRST, WIRD SIE DICH VERSCHLINGEN.

(Jesuswort, Phil 62 Rückübersetzung Günther Schwarz aus >>Was Jesus wirklich gesagt hat<< von Franz Alt)

Die Unbewusstheit in der Bevölkerung und in den Medien erkennt man oft auch an der Sinnhaftigkeit ihrer Debatten und dem dahinterstehenden unbewussten Gedankengebilde. Ich habe bereits die CO2-Debatte erwähnt oder die Genderdebatte, die Feinstaubdebatte usw. Wie interessant sinnlos in Deutschland mittlerweile gedacht wird, wird unter anderem deutlich an der, meiner Meinung nach, maximal sinnentleerten Frage: „Gehört der Islam zu Deutschland?" Diese Sau wird nun schon seit Jahren durchs Land getrieben und man wird nicht müde, weiteren Unsinn hinzuzufügen. Ebenso unsinnig wie die Frage selbst wäre dementsprechend natürlich auch die Antwort: „ Ja, der Islam gehört zu Deutschland."

Man könnte vielleicht fragen: „Gehört das Dach zum Haus?" Dann würde ich sagen: „Ja, das Dach gehört zum Haus", weil ich mir ein Haus ohne Dach nicht vorstellen kann. Wenn ich anders herum fragen würde: „Gehöre ich zu Deutschland?", dann ist die Frage für mich wieder unsinnig, denn natürlich kann ich mir Deutschland auch gut ohne mich vorstellen, z.B. während ich in Italien in der

Toskana entspannt am Pool liege und mir einen trockenen Chianti gönne.

Derartige Fragen sind doch ausschließlich aus der eigenen Wahrnehmung und Empfindung heraus zu beantworten. Einen Veganer zu fragen: „Gehört Senf auf die Bratwurst?" wäre letztlich ebenso bescheuert wie einen deutschen Atheisten zu fragen, ob der Islam zu Deutschland gehört.

Die einzig wichtige Frage ist doch in diesem Zusammenhang: „Gehörst du an den Ort, an dem du dich befindest und darf der andere an dem Ort sein, an dem er sich befindet?" „Erlaubst du dir, der zu sein, der du bist und erlaubst du dem anderen, derjenige zu sein, der er ist?"

Solange wir uns in Deutschland und woanders auf der Welt zu sehr mit Sinnlosem beschäftigen, können wir uns nicht weiterentwickeln. Deshalb müssen wir uns bewusst machen, was wir so alles denken beziehungsweise was andere wie z.B. die Medien und die Politiker für uns denken zu müssen glauben. Wir müssen lernen, Sinnloses von Sinnhaftem zu unterscheiden und dürfen uns auch nicht mit

Scheinheiligkeiten wie der Political Correctness betäuben lassen.

Um bei der Politik und der Gesellschaft zu bleiben: Auch das deutsche Rentensystem ist ein Hort der Unbewusstheit. Der seit Jahrzehnten prognostizierte demografische Wandel und die Bevölkerungsentwicklung mit all seinen tiefgreifenden Folgen ist in dem prognostizierten Maße insofern ausgeblieben, dass die Bevölkerungszahl in Deutschland stetig auf inzwischen 83 Millionen angestiegen ist. Gleichzeitig gab es nie so viele Erwerbstätige und davon sozialversicherte Erwerbstätige wie aktuell. Die Deutsche Rentenversicherung meldet außerdem einen kräftigen Anstieg der Anzahl der unter Dreijährigen.

Die Vorhersage eines Zusammenbruchs der umlagefinanzierten Rente aus den frühen 80er Jahren ist bis heute nicht eingetroffen, lieferte aber den Vorwand für Sozialabbau einerseits und damit verbundenen angstbasierten Milliardengeschäften des Finanzsektors andererseits („hoffentlich Allianz versichert"). Inzwischen hat sich gar herausgestellt, dass sich die Privatrenten deutlich schlechter entwickeln als die gesetzlichen, zum Wohle des Finanzsektors und zum Leidwesen der Rentner. Selbst der ehemalige Arbeitsminister Norbert Blüm redete in einer Lanz-Talkshow unverblümt von „einer Art Betrug bei der Riesterrente".

Die Basis für ein Rentensystem, das auf Umlage und dem sogenannten Generationenvertrag beruht, kann doch nicht mehr allein der sowieso meist unterbezahlte Einzahler in das System sein. Das Realeinkommen der mittleren und vor allem unteren Einkommen stagniert bzw. verringert sich seit Jahren, während die Einkommen des Kapitals und damit der Reichen explodieren. So berichtete das Bundeswirtschaftsministerium, dass 2015 die realen Bruttolöhne der unteren 40 Prozent deutlich unter denen von 1995 lagen. *(https://www.managermagazin.de/politik/deutschland/ bundeswirtschaftsministerium-beklagt-lohnungleichheit-a-1163901.html)*

Eine völlig hanebüchene Einkommensbemessungsgrenze verhindert gleichzeitig, dass die Reichen sich angemessen am Rentensystem beteiligen, weil Einkommen, die eine bestimmte Höhe überschreiten, nicht mehr zur Finanzierung der Sozialversicherungen herangezogen werden, d.h.

der Vielverdiener zahlt prozentual erheblich weniger in die Rentenkassen ein als der Geringverdiener!

Vielmehr als das Einkommen des Beitragszahlers müsste aufgrund der Produktivitätssteigerung der Wirtschaft die Wirtschaftsleistung insgesamt die Basis für ein Rentensystem sein. Aber auch hier befinden wir uns in Parallelwelten, in denen sich die einen komplett von der Realität verabschieden und stur am Alten, Ausgedienten festhalten – hierzu gehört unsere Regierung mitsamt Opposition – , während diejenigen, die bewusst mit dem Thema umgehen, schlicht nicht gehört werden und auch in den Leitmedien nicht zu Wort kommen bzw. regelmäßig verbal niedergeknüppelt werden.

Während also die Realeinkommen der Vermögenden und Großkonzerne in den letzten Jahren explodiert sind, ist bei den unteren Einkommensbeziehern und Durchschnittsverdienern ein Realeinkommensverlust zu verzeichnen, und trotzdem sollten diese die Hauptlast der Renten schultern. Das ist absurd, besonders, wenn man die zu erwartende Produktivitätssteigerung durch die Digitalisierung und den damit einhergehenden Arbeitsplatzabbau ins Kalkül zieht.

Dies betrifft nicht nur den Niedriglohnsektor, sondern auch die Banken oder Versicherungen – man denke dabei nur an den, inzwischen gescheiterten, Fusionsversuch der Deutschen-Bank mit der Commerzbank und dem damit verbundenen geplanten Stellenabbau von zwischen zehn- und dreißigtausend Arbeitsplätzen.

Die Anzahl der mehr oder weniger sinnlos Beschäftigten in einer überbordenden künstlichen Bürokratie möchte ich an dieser Stelle nur der Vollständigkeit halber erwähnen. Der amerikanische Professor für Anthropologie David Graeber an der London School of Economics schreibt in seinem Buch <<Bürokratie. Die Utopie der Regeln>> über „Bullshit-Jobs" und stellt gar die Behauptung auf: „Jeder dritte Job ist sinnlos".

Auch davor verschließt die Politik konsequent die Augen und verkauft weiter gebetsmühlenartig faule Äpfel. Noch kommt sie damit durch, weil die große Mehrheit der Menschen dumm gehalten werden kann. Und genau das ist ja auch der Plan der Mächtigen und war es schon immer, - allen anderslautenden Bekundungen zum Trotz. Die Menschen dumm halten, beschäftigen, spalten, ablenken und zwingen, isolierte Fachkompetenzen zu entwickeln.

Wie bereits eingangs erwähnt, funktioniert auch im Gesundheitssystem das Spiel mit der Unbewusstheit der Menschen. Dazu gebe man eine fette Portion Angst und schon kann man die Massen vor sich hertreiben, ähnlich den Kreaturen in der Massentierhaltung. Am Ende werden die Menschen zum Schlachter getrieben, allerdings heißt das bei uns dann Krankenhaus oder Pflegeheim. Der Unterschied liegt darin, dass Tiere NACH dem Tod ausgenommen werden; vorher werden sie lediglich gequält.

Die Menschen werden, ganz im Sinne der Pharmaindustrie, von Geburt an durch ein System getrieben, welches die maximale Ausbringung garantieren soll. Pflichtuntersuchungen, Impfungen, frühe Antibiotika-Verabreichungen, frühe Schädigung des körpereigenen Immunsystems, Werbung für Zucker, Alkohol, Fleisch und Milch, Stress, Druck, Abwertung von Anfang an, Pflichterfüllung, Anpassung, Vorsorge, Angst – ein Leben lang.

Ideal ist dann am Ende ein Krebstod, jahrelange Arterio-
sklerose oder der Tod aufgrund einer lange andauernden
neurologischen Erkrankung wie Multipler Sklerose, am
besten noch kurz vor der Rente nach einem harten Arbeits-
leben, selbstverständlich im Krankenhaus, nachdem alle
teuren Mittel der Lebenserhaltung möglichst lange ausge-
reizt wurden. *(Gerne verweise ich an dieser Stelle auf das
Buch von Sven Böttcher: „Rette sich, wer kann".)*

Die Medikamentenforschung, in die Milliarden gesteckt
werden, dient zumeist nicht der Heilung eines Patienten,
sondern vor allem der leidlichen Lebensverlängerung in
Abhängigkeit teurer Medikation. Besonderes Augenmerk
wird dabei natürlich auf die Anzahl möglicher Indikationen
und die voraussichtliche Behandlungsdauer gelegt, schließlich gilt es in erster Linie, die Aktionäre zufrieden zu stellen.

Gesundheit ist ein Geschäft geworden mit einer hässlichen
Fratze unter einem schnieken Anzug, begleitet von Hoch-
glanzbroschüren und Glaspalästen, unterstützt durch ein
Heer von Lobbyisten, Bestechung, Korruption und hilflo-
sen, zumeist unbewussten Politikern.

Das nenne ich Ausbeutung. Möglich ist das alles nur, weil die Menschen das Vertrauen verloren haben und voller Angst, Misstrauen und Kontrollwahn durchs Leben gehen. Wir glauben, wir könnten etwas kontrollieren, was nicht kontrollierbar ist. Auch die beste private Krankenversicherung nützt da nichts.

Nur wer sich selbst ermächtigt, der inneren Führung und dem Leben vertraut und im Jetzt lebt, kann sich befreien. Es geht nicht darum – und das ist mir ganz wichtig - das Gesundheitssystem zu bekämpfen, sondern sich schlicht und einfach davon zu befreien. Das entscheidet jeder selbst. Wenn du bedingungslos vertraust, dann zieht die Masche mit der Angst nicht mehr. Egal, ob Rente oder Gesundheit.

DIE SCHIZOPHRENIE IN DER MEDIENWELT

Die Medien als Garant und Symbol für Freiheit in einem Land, das sich die Meinungs- und Pressefreiheit und die Funktion der Medien als Kontrollinstanz der Regierenden auf die Fahnen und in die Verfassung geschrieben hat, befinden sich in einem Zustand der Spaltung.

Ein Journalist, der heute erfolgreich bei den Leitmedien, d.h. den öffentlich rechtlichen Fernseh- und Rundfunkanstalten wie ARD, ZDF oder WDR beziehungsweise bei den im Besitz der superreichen und mächtigen Familien Mohn, Funke, Burda oder Springer befindlichen Medien arbeiten möchte und sich nicht mit Mode, Kunst, Sport oder Kochrezepten, sondern mit gesellschaftspolitisch relevanten

Themen befasst, der bewegt sich mittlerweile in einem mehr als anspruchsvollen Spannungsfeld.

Von seiner Natur aus wahrheitssuchend, neugierig, forschend, recherchierend, objektiv hinterfragend, muss der Journalist entweder völlig gehirngewaschen sein und einen nicht unerheblichen Teil seiner gesunden Persönlichkeitsanteile abgespalten haben, um seinen Job so zu erledigen, wie es von seinen Vorgesetzten erwartet wird, oder er muss sich im Existenzkampf über alle Maßen verbiegen. Beides ist auf Dauer nicht gesund, auch wenn es sich materiell zunächst auszahlen mag.

In einer Zeit, in der allenfalls demjenigen droht, seinen Spitzenposten in der Politik oder in den Medien zu verlieren, der bei den Mächtigen in Ungnade gefallen ist, bestimmen Angst, Gier und Unbewusstheit das Wirken der jeweils handelnden Personen. Freie Meinungsäußerung und objektive Berichterstattung findet lediglich noch in politischen Randthemen statt bzw. wird an der einen oder anderen Stelle wohldosiert zugelassen, um den Schein zu wahren, z.B. in Sendungen, die nach 23 Uhr ausgestrahlt werden, oder in Randmedien, die nur eine überschaubare Anzahl von Konsumenten erreichen.

Diese den Mächtigen dienende Gemengelage lässt sich – und das ist ganz entscheidend – nur solange aufrechterhalten, wie die beteiligten Personen unbewusst und gespalten bleiben und von Angst und Misstrauen beherrscht werden.

Aufgewachte Journalisten, die die Stimme ihres Herzens hören können und ihrem Gewissen folgen, und diejenigen, die darauf vertrauen, dass sie durch das Leben geführt werden, dass es ein Höheres Selbst gibt, das mit dem All-eins – wir können es auch Gott nennen – verbunden ist, spielen das ausgemachte Spiel nicht mehr mit, steigen aus, auch, wenn der neue Weg erst einmal steiniger wird und Täler durchschritten werden müssen, auch wenn sie vielleicht Opfer von Diffamierung und Denunziation werden. Davon gibt es inzwischen unzählige herausragende Beispiele!

In kaum einem anderen Beruf als dem des Journalisten steht das Berufsethos derart auf dem Spiel und es ist für viele wohl kaum vorstellbar, wie anspruchsvoll gerade diese heutige Zeit für viele großartige Journalisten sein muss, die nicht zuletzt eine Verantwortung für ihre Familien tragen und sich nebenbei in einem existenziellen Konkurrenzkampf um oft schlecht bezahlte Jobs befinden. Ich sehe hier bewusst von den umwerfend sympathischen ,Ancormen' und ,-women' von Formaten wie dem ,heute journal', den ,tagesthemen' oder der ,Tagesschau' ab, die Star-Gagen kassieren.

Deshalb bin ich auch weit davon entfernt, die Betroffenen zu verurteilen. Ich verstehe ihre Situation.

Dennoch ist das Dilemma, in dem sich die Medienschaffenden befinden, ein sehr gutes Beispiel dafür, wo wir heute stehen. Noch immer ist der Einfluss der Medien auf die Bevölkerung für die Mächtigen essentiell, denn die Medien sind das Werkzeug der Spaltung. Sie bestimmen die Themen und beschäftigen die Menschen, indem sie diese künstlich gegeneinander aufhetzen. *(Wer sich mit der Methodik dahinter intensiver auseinandersetzen möchte, dem seien die Bücher von unter anderem Edward Bernays, Rainer Mausfeld, Jens Wernicke, Hermann Ploppa, Uwe Krüger oder Noam Chomsky ans Herz gelegt.)*

Je mehr Menschen allerdings aufwachen und den Mechanismen der künstlichen Spaltung durch die Propaganda der Medien auf die Schliche kommen, desto schwächer wird deren Einfluss.

Jeder Mensch sehnt sich nach Liebe, Aufmerksamkeit, Wertschätzung, Geborgenheit und Gemeinschaft. **Jeder!**

Genau das ist der Grund dafür, dass Spaltung künstlich und widernatürlich ist, denn letztendlich haben alle Menschen sehr viel mehr Gemeinsamkeiten als Trennendes. Es bedarf lediglich der Herzöffnung und wir müssen beginnen, miteinander zu reden und uns gegenseitig zuzuhören.

Verurteilung ist das Instrument zur Verhinderung von Kommunikation. Verurteilung erschafft Parallelwelten. Verurteilung ist eine Folge von Unbewusstheit und Misstrauen. Wer bedingungslos vertraut und achtsam ist, erkennt jedes Urteil und ist in der Lage, jedes Urteil zurückzunehmen.

Es wird Zeit, dass wir die verzweifelten Hilferufe von Journalisten wie z.B. Jürgen Todenhöfer hören, der immer wieder vor Ort die Menschen begleitet, die letzten Endes die Opfer von Verurteilung, Propaganda und Hetze von auch durch die Medien legitimierten Gräueltaten überall in der Welt werden.

Wie bereits erwähnt gibt es genügend hervorragende Journalisten. Sie halten sich noch an die Vorgaben aus existenziellen Gründen, weil sie eine Familie zu ernähren haben. Wer sich gegen die Pharmariesen oder die Rüstungslobby, gegen die Nato oder Energie-Mafia einsetzt, muss befürchten, seinen Job bei den Big Playern der Branche zu verlieren. Natürlich gibt es Meinungsfreiheit in Deutschland, aber wer davon Gebrauch macht, muss damit rechnen, kalt gestellt zu werden. Karl Lagerfeld war der berühmteste Deutsche der letzten Jahrzehnte, ein Weltstar, der nie ein Blatt vor den Mund genommen hat. Nach seinem Tod gab es noch nicht einmal eine Kondolenz vom Kanzleramt, weil er Kritik geäußert hatte. Ein typisches Zeichen dafür, dass der Wind rauer weht.

SELBSTTÄUSCHUNG

Als ich vor vielen Jahren erkannte, dass das, was uns in den Massenmedien bzw. öffentlich rechtlichen Medien als Nachrichten feilgeboten wird, nicht die ganze Wahrheit ist, dass die Art und Weise der Berichterstattung gar tendenziös und manipulativ ist und jeweils der Teil der Informationen, ohne den ein objektives Bild der Ereignisse in der Welt nicht möglich ist, einfach weggelassen wird, da war das ein Schock für mich. Ich hatte das in dem Ausmaß bis dahin schlicht nicht für möglich gehalten. Was wir den Autokratien und Diktaturen immer unterstellt hatten, sollte nun auch für unsere vermeintliche Demokratie, die sich zunehmend als Plutokratie entpuppte oder, wie Dirk Müller es nennt, in eine Kleptokratie verwandelt hatte, zutreffen? Mein Weltbild brach

175

damals zusammen und ich hing quasi in der Luft, hatte das Gefühl, den Boden unter den Füßen zu verlieren.

Ich war völlig verunsichert und wusste nicht mehr, was ich glauben sollte, habe meine eigene Urteilsfähigkeit in Frage gestellt. Wie konnte ich über viele Jahre hinweg so naiv sein? Ich lebte offensichtlich in einer Seifenblase aus Überheblichkeit, Dummheit, Betäubung, Anmaßung und Naivität.

Natürlich war mir nicht entgangen, dass es den Lobbyismus der Industrie, der Konzerne gibt, dass Korruption und Bestechung vom kleinsten Dorf-Rathaus bis in den Bundestag mehr die Regel als die Ausnahme sind, dass Lug und Betrug, Netzwerke, Kungelei, Absprachen usw. überall grassieren, in der Politik, in der Wirtschaft, den Kirchen, in Vereinen und Organisationen, überall, wo Menschen miteinander um den Futternapf konkurrieren, aber dass die demokratischen Grundwerte nur Fassade sein sollten, das überstieg damals meine Vorstellungskraft. Es war einfach nicht Teil der Welt, in der ich lebte. Hatte ich immer nur die eine Seite der Medaille wahrgenommen?

Die natürliche Reaktion ist Wut, Ohnmacht, Kleinheit, Minderwertigkeit. Kommt uns das nicht irgendwie bekannt vor?

Ich täusche mich immer dann, wenn ich glaube, Verantwortung abgeben zu können. Egal, ob das Objekt meines Vertrauens - und damit auch meiner Erwartungen - die Medien, die Politiker, der Partner, Freunde, Kirche, Staat oder sonst wer ist. Ich mache den anderen zum Objekt meiner Erwartung und mich selbst zum Opfer und bin dann enttäuscht.

Das ist die Lektion, die ich lernen muss.

Bedingungsloses Vertrauen kann nicht enttäuscht werden, denn ich vertraue darauf, dass alles, was geschieht, einen Sinn hat und richtig ist. Auch wenn der Wind rauer weht und die Stürme zunehmen, wenn Chaos herrscht, kann ich das halten und stehen bleiben. Ich werde nicht durch die Ereignisse im Außen zerrissen, bleibe Beobachter, urteilsfrei, aber bewusst wahrnehmend, was ist. Ich verliere mich nicht in der Identifikation mit meinem eigenen Unfrieden, meiner Wut, Ohnmacht, Angst oder meinem Hass. Ich lasse mich nicht hinreißen, aus dem eigenen Unfrieden heraus zu handeln, sondern stehen zu bleiben und das Herz offen zu halten, bereit, den nächsten Schritt zu tun. Keine Vergeltung, keine Rachegedanken.

Und darum geht es. Die Augen nicht verschließen vor dem, was geschieht, aber sich auch nicht in der Verurteilung verlieren. Und das geht nur, wenn ich im Frieden bin mit meinen eigenen Themen und im Vertrauen, dass alle Menschen verbunden sind.

Und doch frage ich mich: Wie kann es sein, dass, obwohl die Karten längst offen auf dem Tisch liegen, die Menschheit sich zum großen Teil noch im Tiefschlaf befindet, sich manipulieren lässt, funktioniert, willenlos, getrieben von der Angst, zurückzufallen in der Hierarchie.

Mittlerweile ist die Dreistigkeit des Kapitals in Sachen Ausbeutung und der Einfluss auf die Politik durch den Lobbyismus so lächerlich obszön und ungehobelt, dass der uninformierte bzw. durch die instrumentalisierten und im Besitz des Großkapitals befindlichen Leitmedien sich für informiert haltende Normalbürger in seiner Vorstellungskraft des Abgründigen überfordert, alles frisst und sich selbst bemüßigt fühlt, zu rechtfertigen, was nicht zu rechtfertigen ist, dass dem Aufgeklärten die Sinnlosigkeit eines Aufklärungsversuchs klar werden muss. Parallelwelten. Ich sehe nur, was ich sehen will. Das funktioniert zuverlässig, solange diese Menschen nicht bereit sind, ihren Schattenaspekten zu begegnen. Die Propaganda kennt diese Schwachstellen und nutzt sie entsprechend mit einer Politik der Angst gnadenlos aus. Es ist alles Psychologie. Mit aufgewachten Menschen, die sich ihren Schattenaspekten, d.h. ihren abgespaltenen Anteilen gestellt haben, funktioniert das nicht mehr.

Wir müssen diesen Zustand des Betrugs, der Selbsttäuschung annehmen, im Vertrauen, dass das unter der Oberfläche wabernde Unrecht, das gegen die Liebe ist, sich offenbaren wird. Wir müssen nichts tun außer innezuhalten im Bewusstsein dessen, was ist. Zuzulassen, dass alles sich fügt, nichts verborgen bleibt, was noch unter den Teppich gekehrt wird. Vertrauen.

Das Kartenhaus der Lüge und Unliebe, der Gier und Spaltung wird zusammenbrechen, wenn wir all das loslassen, was nicht zu uns gehört. Wir sind mehr. Wir breiten uns aus wie das Licht in der Dunkelheit und diejenigen, die sich in der Dunkelheit umtreiben, ob Politiker, Lobbyist, Bonze oder irgendein anderer Würdenträger, werden vergehen wie eine schlimme Erkältung oder ein Tumor. Apoptose. Auch das Immunsystem unseres Körpers wirkt dann am besten, wenn wir ihm den Raum geben, den es benötigt: Ruhen, von schädlichen Einflüssen, Energien und Substanzen fernhalten, mit vollwertiger Kost unterstützen und vor den toxischen Einflüssen der Pharmaindustrie verschonen. Dann wirken die Selbstheilungskräfte am besten.

DIE KÖNIGSDISZIPLIN

Im Ringen um den Sinn des eigenen Daseins ist das Vertrauen die Königsdisziplin. Bedingungslos zu vertrauen, wenn ich mit dem Rücken zur Wand stehe, wenn ich eben noch kein Licht am Ende des Tunnels sehen kann, wenn ich schreien könnte, mich ohnmächtig, ausgeliefert, unverstanden, nicht gesehen und klein fühle. Aber wie soll das gehen? Aus meiner eigenen Erfahrung kann ich sagen, es geht nur, wenn ich weitestgehend im Frieden bin mit mir, wenn ich meinen Unfrieden geklärt und angeschaut habe und wenn ich all meine Verurteilungen mir selbst und den anderen gegenüber bereit bin, zurückzunehmen, mein Herz offen halte und mir bewusst mache, dass wir alle verbunden sind, im selben Boot sitzen. Und dennoch schwanke ich. Bedingungsloses Vertrauen ist wie eine Macht, die ich nie ganz erreichen, aber der ich mich auch in den dunkelsten Stunden zuwenden kann. Sie ist die Kraft, die mich stützt und an die Hand nimmt. Ich habe erfahren, dass das Leben mich unterstützt, wenn ich bereit bin, auf meinem Weg weiterzugehen, auch wenn im Außen alles scheinbar dagegenspricht.

Bewusstheit, Vertrauen, Ehrlichkeit, Wahrhaftigkeit und Achtsamkeit. Das sind die großen Begriffe, an denen wir uns orientieren müssen, auch wenn wir sie nie ganz ausfüllen können, - schließlich sind wir göttliche Wesen, die eine **menschliche** Erfahrung machen.

Ich bin ein Mensch, also bin ich ein urteilendes Wesen, weil meine menschliche Ausstattung gar nicht anders kann. Und ich bin bestechlich, weil ich ein Mensch bin. Entscheidend dabei ist, dass ich mir dessen BEWUSST bin. Es ist auf jeden Fall besser, bewusst als unbewusst korrupt zu sein, denn der bewusst Korrupte ist sich gleichzeitig auch des Ursache-Wirkungs-Prinzips seines Karmas bewusst! Genau daran mangelt es den meisten – nicht nur Politikern. Sie sind korrupt in voller Unbewusstheit. Karma ist immer und so macht es eben einen Unterschied, ob ich mich mit einer Tafel Schokolade bestechen lasse, die Hausaufgaben für meinen Mitschüler zu machen oder ob ich eine Provision für einen Rüstungsdeal kassiere oder für eine Gefälligkeit das Gemeinwohl schädigende Gesetze durchwinke.

Zurzeit gehen Hunderttausende Schüler auf die Straßen, weil sie spüren, dass sie nicht ernst genommen werden, dass ihre Zukunft verkauft werden soll auf dem Markt der Eitelkeiten. Sie wissen es nicht, können es nicht wissen, aber sie spüren es, sie haben ein feineres Gespür, feinere Antennen als die Älteren, weil sie höher schwingen. Das Alte geht nicht mehr, das Alte hat ausgedient. Wir alle spüren das, wenn wir nicht völlig blind und vermurkst sind. Sag *Nein*, wenn alle *Ja* sagen. Greta ist das Symbol der Jugend für das NEIN. Diese Jugendlichen vertrauen nicht mehr den Mächtigen mit ihren großen Gesten, dunklen Anzügen, Rauten und großen Limousinen. Sie vertrauen sich selbst, bekommen eine Ahnung davon, dass sie richtig sind, dass sie verbunden sind, das wir miteinander verbunden sind, mit der Natur, den Tieren, den Pflanzen, dem Planeten. Deshalb sagen sie NEIN. Nicht mit uns. Schule schwänzen ist scheißegal. Das ist nicht unsere Schule, das ist eure Schule. Ihr habt uns nicht gefragt, aber wir sind da. Seht her!

Ich möchte ausdrücklich betonen, dass ich Greta als Symbolfigur sehe. Natürlich wird auch sie manipuliert und benutzt, um Interessen durchzusetzen, die nicht dem Gemeinwohl dienen. Aber wenn ihre Symbolkraft in gleichem Maße dazu führt, Nein zu sagen und die Dinge, die uns aufgetischt werden, zu hinterfragen wie sie andererseits benutzt wird, um übergeordnete Interessen zu vertreten, dann sehe ich das durchaus positiv in einer aufwachenden Gesellschaft. Auch hier dürfen wir darauf vertrauen, dass die Dinge sich fügen werden.

DAS ENDE DER AUSBEUTUNG

Franz Alt hat in seinem Buch >>*Was Jesus wirklich gesagt hat*<< geschrieben: „Von Bismarck bis Kohl haben alle Kanzler gesagt: >Mit der Bergpredigt kann man nicht regieren<. Als hätten sie es versucht! Gewaltverzicht um des Friedens willen? Verstehen statt verurteilen? Helfen statt strafen? Aufrichten statt Hinrichten? Alles zu naiv und viel zu idealistisch! So lautet die Ausrede der Realpolitiker."

Mit Merkel, AKK, Von der Leyen, Spahn, Seehofer oder Maas und Nahles findet vielleicht der letzte Akt dieser Realpolitiker statt. Auch Trump, May, Johnson oder Macron stehen für die Vergangenheit, für das, was es jetzt gilt, hinter sich zu lassen. Sie haben ausgedient, sind die

Resterampe einer vergangenen Zeit, die nicht mehr zu den neuen jungen Menschen passt, die sich jetzt aufmachen.

Solidarität statt Konkurrenz, Liebe statt Angst!

Das alte System wirkt brüchig und marode, kraft- und ziellos. Der transatlantische Plan, die transatlantischen Think Tanks fliegen mehr und mehr auf. Die neuen jungen Menschen, die jetzt aufwachen, lassen sich nicht mehr täuschen. Das Ende der Ausbeutung durch die neoliberalen Institutionen und scheinbar allmächtigen Konzerne steht bevor. Wir wissen nicht, wie lange es noch dauern wird. Ähnlich dem nächsten Finanzcrash wissen wir auch hier nicht, wann der kritische Punkt erreicht ist, wo die Ereignisse sich überschlagen werden, aber er kommt näher.

Während die Bilderberger und ähnliche Konferenzen, Round Tables, Gesprächszirkel, Councils, Think Tanks und Working Groups mit Machern, Meinungsmachern, Bankern und Wirtschaftsbossen, Kriegs- und Finanzministern, Parteibonzen, Pseudophilantropen und Klima-, Rüstungs- und Space-Experten über den Kapitalismus von morgen debattieren und darüber philosophieren, wie man den Planeten bei fortwährendem Wachstum erhalten bzw. seinen Hintern retten und den irrsinnigen Reichtum weniger mit „humaner" Massenmenschhaltung vereinbaren kann, ohne eine globale Revolution zu riskieren, verändert sich die innere Haltung von Millionen Menschen, die aufwachen, vergleichbar einer gierig fressenden Raupe, die doch nicht verhindern kann, dass aus ihr ein Schmetterling wird.

Aber noch arbeitet die Propagandamaschine der Mächtigen. Noch wirkt die Strahlkraft der sympathischen Ancormen und -women der öffentlich rechtlichen Mediengiganten, doch Bewegungen wie ‚Rundfunkfrei' von Olaf Kretschmer ziehen bereits immer mehr Menschen an, die ihrem Gewissen folgen, weil sie sich in den zwangsfinanzierten Rundfunkanstalten nicht mehr wiederfinden, weil diese ihrem ursprünglichen Auftrag längst nicht mehr nachkommen, nämlich dem Gemeinwohl zu dienen. Da helfen auf Dauer auch keine teuren Marketinganstrengungen und wohlfeil formulierte Political Correctness-Leitsätze. Die Menschen erkennen die Scheinheiligkeit dahinter.

Derweil sind die Jungen längst umgestiegen. Die konventionellen Medien wie Fernsehen, Radio oder Tageszeitung verlieren dramatisch an Macht und Einfluss. Es ist nur noch eine Frage der Zeit bis sie sich in die absolute Bedeutungslosigkeit manövriert haben, auch wenn man dort verzweifelt versucht, dieser Entwicklung entgegenzuwirken. Und dann wird es ganz schnell gehen…

Auch die Lockrufe der Bundeswehr mit vermeintlich wirklich wichtigen Jobs führen ins Leere und erreichen nur noch die Verzweifelten, wobei zunehmend versucht wird, deren Notlage auszunutzen, weil man wohl längst aufgegeben hat, die jungen Leute mit intelligenten Argumenten überzeugen zu können.

Die ausgedienten Parteien bringen mit ihrem Nachwuchs, den Jusos oder der Jungen Union ebenso wenig neue Impulse. Es sind alte Menschen mit jungen Gesichtern in schlechtsitzenden Anzügen, die, frisch gescheitelt und mit Designerbrillen bewaffnet, fröhlich die alten Unwahrheiten verkaufen. Gehirngewaschen, gelehrig ausgestattet mit wertlosem Wissen schwafeln sie weiter von den demokratischen und christlichen Werten, die es zu verteidigen

188

gelte, von Chancengleichheit, freiem Markt und Wachstumspotenzial und sind doch gefangen im Konkurrenzdenken, machtbesessen und blind, kontrollverliebt, ehrgeizig, ohne jede Spur von Authentizität und Wahrhaftigkeit...und sie merken es noch nicht einmal. Sie können nichts dafür, sind noch im Tiefschlaf, funktionieren wie Aufziehmännchen.

Aber auch sie gehören zu uns und wir dürfen nicht aufhören mit unseren Bemühungen, sie zu wecken und ihnen mit offenen Armen und Herzen zu begegnen. Das ist das Neue, dessen es jetzt bedarf. Das bedingungslose Vertrauen schließt niemanden aus, im Vertrauen, dass, was ist, richtig ist, seine Berechtigung hat und dazugehört.

Wir haben uns alle hier verabredet, um – wie Franz Alt sagen würde – die Bergpredigt zu vollenden. Wir treffen uns alle letztlich da wieder, wo unsere Reise einst begann und alles, was dazwischen passiert ist, sei vergeben. Keiner bleibt zurück.

Alle großartigen Erfindungen der letzten einhundert Jahre haben uns letztlich den heutigen Wohlstand ermöglicht. Es hat Jahrhunderte gebraucht, um z.B. das Pferd als Transportmittel abzulösen. Dann kam die Dampfmaschine, die Elektrizität, die Eisenbahn, das Auto, Flugzeug, die Massenfertigung, das Telefon, der Computer, das Internet und das Smartphone, das inzwischen imstande ist, unser Leben komplett zu managen. Allerdings dauerte es vom einfachen Mobilfunk-Handy bis zum Allround-Smartphone nur noch zehn Jahre und die technologische Entwicklung befindet sich in einem exponentiellen Wachstum mit immer kürzer werdenden Zyklen, in denen sogenannte ‚game changing' Paradigmenwechsel vollzogen werden. Das Genom ist längst entschlüsselt, in naher Zukunft lassen sich aus Zellkulturen menschliche Organe herstellen, es bedarf dann auch keiner Massentierhaltung mehr, um Fleisch für die Nahrungsmittelindustrie herzustellen; wir wechseln vom Zeitalter der Automation in das autonome Zeitalter. Das Auto fährt autonom, es braucht keinen Fahrer mehr, das exponentielle Wachstum durch die Digitalisierung macht aus der Massenfertigung eine zunehmend autonome Fertigung, computergestützte Verwaltung wird zur autonomen Verwaltung, Millionen von Arbeitsplätzen fallen weg, auch wenn viele Politiker das immer noch nicht verstanden haben.

Dabei besteht die Gefahr, dass die Geschwindigkeit der technologischen Entwicklung uns restlos überfordern wird, wenn wir unser Wertesystem nicht neu ordnen. Wenn wir eine Orientierung zum Gemeinwohl, zur Solidarität aller und zu Liebe, Mitgefühl und Selbstverantwortung nicht schaffen, dann wird die Technologie den Rest erledigen, weil sie aus dem Ruder läuft, dann werden wir in einer konkurrierenden Gesellschaft untergehen. Wir werden uns gegenseitig auslöschen. Der technische Fortschritt – Industrie 5.0 – zwingt uns zu einer Entscheidung: Für oder gegen die Menschheitsfamilie. Karl Heinz Land, der in seinem Buch Erde 5.0 mögliche Wege beschreibt, sagte in einem Interview den Satz: „Ich fürchte mich weniger vor der künstlichen Intelligenz als vor der natürlichen Dummheit", dem möchte ich hinzufügen: vor der Unbewusstheit.

Das bedeutet, dass ohne den Paradigmenwechsel von unbewusst zu bewusst, ohne eine innere Haltung der Verbundenheit, des Mitgefühls, des Vertrauens, mit der Lösungen für soziale, ökologische und Verteilungsprobleme

angegangen werden, ohne eine innere Haltung, die aner-
kennt, dass Wachstum endlich ist, sich die Menschheit
abschaffen wird. Deshalb ist bedingungsloses Vertrauen
die wirkliche Alternativlosigkeit, wenn die Menschheit
überleben und die Ausbeutung beenden will.

EPILOG

Das Thema Vertrauen lag und liegt mir sehr am Herzen. Ich habe es die Königsdisziplin genannt. Für mich persönlich ist das Vertrauen der Schlüssel zur Überwindung jedes >Ja, aber...<. Als ich begonnen habe, mein Herz zu öffnen, konnte ich noch nicht wissen, wohin die Reise geht, aber ich spürte, dass etwas Größeres von mir Besitz ergriffen hatte, dass eine tiefe Wahrheit existiert – vielleicht Gott – ich weiß es nicht. Es war für mich wie ein Hoffnungsschimmer, die Verheißung, dass da tatsächlich ein Licht am Ende des Tunnels sein könnte, ein Licht, das für jeden von uns existiert und ohne das keiner von uns in seiner Wahrhaftigkeit, in seiner Bestimmung leben kann. Ohne dieses Vertrauen können wir keinen Frieden finden. Ohne den Frieden in mir, war mir klar, würde es auch keinen Frieden im Außen geben können.

Diesen Weg wollte ich gehen. Diese Richtung erschien mir die einzig richtige für mich.

Wir müssen an etwas glauben. Glauben heißt nicht wissen und zweifeln. Und da, wo der Zweifel am größten wird, wo er dich packt und schüttelt, dein Innerstes fordert, dort wartet das Vertrauen, und die Liebe.

Es ist nichts Neues, dass, wenn wir den Krieg im Außen endlich beenden wollen, wir zuerst den Krieg in uns beenden müssen, anders wird es nicht gehen. Ich muss mich nicht anpassen. Ich muss die höchste Vision meines Selbst anvisieren und vertrauen. Dann wird sich alles fügen. Give peace a chance sang einst John Lennon und dahinter steckt letztlich nichts anderes als zu vertrauen. Nur wenn wir die Waffen niederlegen und die Angst überwinden, indem wir der größten Kraft im Universum vertrauen, der Liebe, erhält der Frieden eine Chance.

Ich habe inzwischen erfahren dürfen, dass Vertrauen belohnt wird, dass das Leben mich dann unterstützt, wenn es nötig ist und so wächst meine Zuversicht, dass große Veränderungen vor uns liegen und egal, welche Verwerfungen es geben wird, die Dinge fügen sich für den, der vertraut. Mit dieser inneren Haltung können wir alles überwinden.

Lothar Obrecht

DANKE

Mein Dank gilt meiner fast schon lebenslangen Freundin und Gefährtin Barbara, die mich durch manch dunkle Phase und tiefe Täler meines Lebens nicht nur begleitet hat, sondern immer auch eine wichtige Quelle der Inspiration war und ist, meinen Brüdern Andreas und Oliver, die dafür sorgen, dass ich den Rahmen des Erträglichen nicht sprenge und mich auch dabei unterstützen, in Sprache und Grammatik den Anforderungen des Lesers zu entsprechen und meiner lieben Tochter Paulina für die Gestaltung des Buchcovers.

Ich danke besonders all den Autoren, Journalisten, den unabhängigen Wissenschaftlern, den Kämpfern für Freiheit und Würde, für Frieden und Menschlichkeit, die auf der

Suche nach der Wahrheit ihres Herzens, ihrer Identität, mutig die Missstände und Schieflagen, die Manipulationen und Propaganda der Mächtigen und Gierigen, der sogenannten Eliten und Egomanen aufdecken und sich nicht dem Druck des Mainstream und einer vorgeschobenen Political Correctness, einer verlogenen Moral beugen. Sie motivieren mich im Wissen um das göttliche Wesen des Menschen und im Vertrauen, dass sich alles fügt, wenn wir den Pfad unserer wahren Bestimmung und der Liebe nicht verlassen.

Literaturhinweise

Safi Nidiaye:	Der entscheidende Schritt (2010)
Dr. Hartmut Rosa:	Resonanz. Eine Soziologie der Weltbeziehungen (2016)
Jason Stanley:	How Propaganda Works (2015)
Kalil Gibran:	Der Prophet (1923)
Ernst Wolff:	Finanztsunami (2017)
Franz Ruppert:	Wer bin ich in einer traumatisierten Gesellschaft (2018)
Hans Joachim Maaz:	Die Liebesfalle (2007)
Franz Alt:	Was Jesus wirklich gesagt hat (2015)
Sven Böttcher:	Rette sich, wer kann (2019)
Edward Bernays:	Propaganda (1928)

Rainer Mausfeld:	Warum schweigen die Lämmer? (2018)
Jens Wernicke:	Lügen die Medien? (2017)
Hermann Ploppa:	Fassadendemokratie und Tiefer Staat (2017)
Noam Chomsky:	Media Control (1989)
Karl-Heinz Land:	Erde 5.0 (2018)
Daniel Harrich:	Pharma Crime (2017)
Walter Lippman:	Die öffentliche Meinung (1922)
David Graeber:	Bürokratie. Die Utopie der Regeln (2015)
Timm Koch:	Das Supermolekül (2019)

HERZZEITWENDE
Kopfzeitende – Der Weg vom Verstand zum Herzen –
Das Ende der Politik der Angst (2018)

Paperback, 188 Seiten
ISBN-13: 9783748147701
Verlag: Books on Demand

Herzzeitwende handelt vom Zustand, in dem sich unsere Gesellschaft befindet. Es beschreibt den Ursprung und die Folgen von Angst und Verurteilung sowohl für den Einzelnen wie für das Gemeinwesen.
Der autobiografische Hintergrund des Autors und seine Suche nach dem Glück im Außen verdeutlichen, wie der Normal-Mensch mit verschlossenem Herzen und aus einem von seinem Ego kontrollierten Verstand heraus handelt – getrieben von Angst und Mangeldenken. Folge von Angst, Mangeldenken und Verurteilung ist unendlich viel Leid in der Welt, Ungleichheit und Hass bis hin zu Krieg, Elend und Zerstörung.
Die Bedeutung von Schicksal und Glück, der Ursprung von Leid, die Projektion von verdrängten Ängsten und anderen Emotionen und die Folgen von Selbstverurteilung werden ebenso beispielhaft wie selbstironisch und humorvoll beschrieben. So ist die Lieblosigkeit in der Gesellschaft nicht zuletzt das Ergebnis von kollektiver Unbewusstheit, die Ausdruck findet in der Hilflosigkeit von Politikern, einem zusammenbrechenden Finanzsystem, einem marktradikalen Neoliberalismus und einer unwürdigen Bildungs- , Gesundheits-, Renten- und Steuerpolitik, die längst nicht mehr am Gemeinwohl ausgerichtet ist.

Lothar Obrecht, 1964, verheiratet, 1Tochter, geb. in Lörrach, wohnhaft in Bochum.
Nach vielen Jahren Internationaler Tätigkeit in der Wirtschaft als Berater und Coach arbeitet der studierte Dipl.-Ing. und Betriebswirt heute als Heilpraktiker (Psychotherapie), Coach und Autor